포항,
여행이 되는 순간

포항,
여행이 되는 순간

초판 인쇄 | 2025년 9월 5일
초판 발행 | 2025년 9월 10일

글 | 윤인일
사진 | 이도감
펴낸이 | 이웅현
교정교열 | 서이화
펴낸곳 | 부카
출판등록 | 제 25100-2017-000006호

대구광역시 달서구 문화회관길 165 408호
전화_ 053-423-1912, 팩스_ 053-639-1912
홈페이지_ www.bookaa-n.com
이메일_ bookaa@hanmail.net

ⓒ ISBN 979-11-7419-033-8

포항,
여행이 되는 순간

글 윤인일 · 사진 이도감

부카

호미곶 새천년기념관

호미곶 상생의 손과 일출

호미곶 유채꽃밭

늘 지금처럼

포항불꽃축제 포스코야경

환호공원 스페이스워크

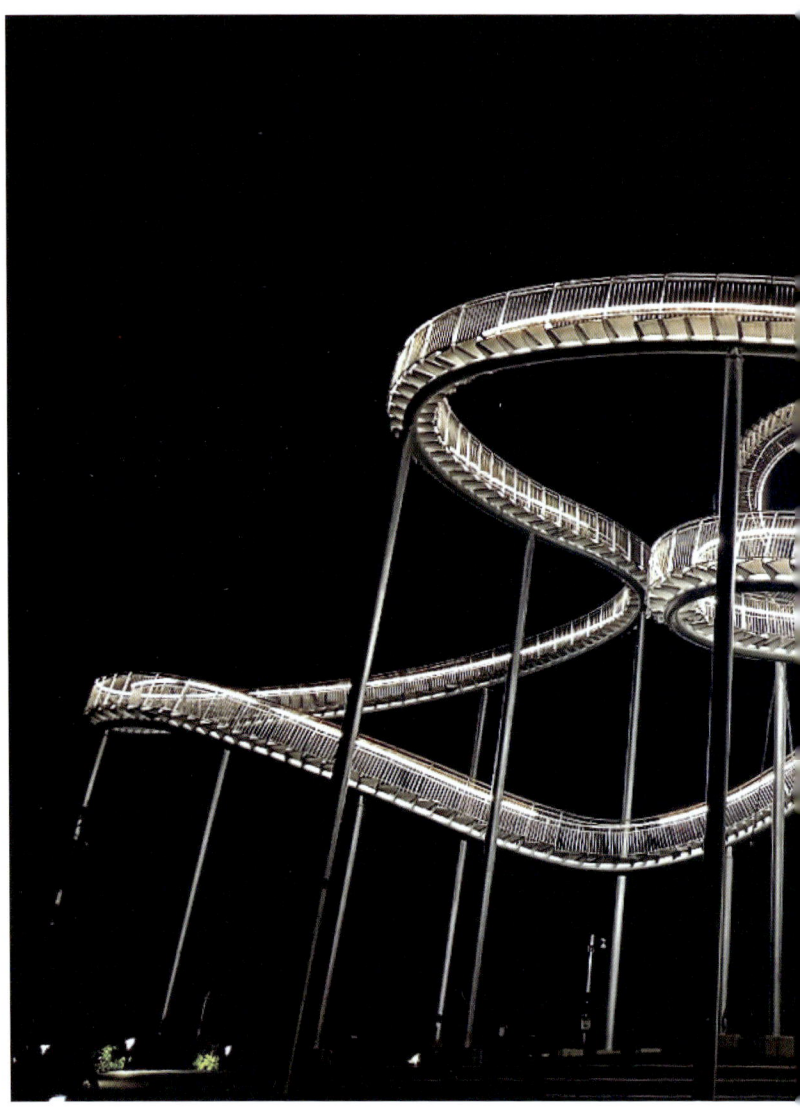

바다와 철, 그리고 사람의 도시

포항에 대하여

"동쪽 바다에 해가 뜨면, 하루가 다시 시작된다."

포항은 그렇게 매일 아침 한국에서 가장 먼저 태양을 맞이하는 도시입니다. 찬란한 해돋이를 배경으로 철강 도시의 분주한 하루가 깨어나고, 그 하루가 끝나갈 즈음이면 바닷바람에 실린 회 한 점과 함께 사람들의 웃음이 퍼집니다.

포항은 바다와 도시, 자연과 산업, 고요함과 활기가 어우러지는 독특한 매력을 지닌 곳입니다.

많은 이에게 포항은 산업의 도시, 철강의 중심지로 익숙합니다. 하지만 조금만 시선을 돌려보면, 포항은 그 이상의 이야기들을 품고 있는 도시라는 걸 금세 깨닫게 됩니다. 한반도에서 가장 먼저 아침 해를 볼 수 있는 호미곶, 구룡포 일본인 가옥 거리에서 마주치는 일제강점기의 흔적들, 그리고 드넓은 영일만 위로 반짝이는 수평선까지, 이 도시의 풍경은 여행자에게 새로운 감탄을 선물합니다.

포항은 미식의 도시이기도 합니다. 갓 잡은 해산물과 싱싱한 회, 그리고 시장 골목에서 나는 뜨끈한 국물 냄새는 미각과 감성을 자극합니다. 해산물만 있는 게 아닙니다. 포항의 카페 골목과 퓨전 맛집들은 전통과 현대의 경계를 넘나드는 감각적인 맛을 여행자에게 제공합니다. 길거리 음식 하나에도 정성이 담겨 있고, 그 안에는 포항 사람들의 따뜻한 정이 녹아 있습니다.

이 책은 포항을 처음 찾는 이에게는 친절한 안내서가 되고, 다시 찾는 이에게는 새로운 발견을 주는 지침서가 되기를 바랍니다. 관광 명소에 머무르지 않고, 포항이라는 도시의 결을 따라가며 그 속에 숨겨진 이야기를 함께 나누려 합니다. 이 가이드북은 단순한 정보의 나열이 아니라, 직접 보고 걷고 느낀 '진짜 포항'을 담았습니다.

포항은 단 하루만으로는 담아내기 어려운 도시입니다. 그러나 하루만 머물러도 마음속에 잔잔한 파문을 남기는 도시이기도 합니다. 바다를 따라 걷다가 우연히 마주한 풍경, 골목 어귀의 작은 식당, 시장에서 들려온 할머니의 사투리, 어느 순간 문득 느껴지는 '여기 살아보고 싶다'는 생각. 포항은 그런 도시입니다. 자, 이제 여행을 시작해볼까요?

지도 한 장과 이 가이드북만 있으면 충분합니다.

당신의 포항 여행이 뜻밖의 행복으로 가득하길!!

일러두기

1 정보

책에 실린 모든 내용은 2025년 5월까지 수집한 정보를 기준으로 했다. 교통비, 입장료, 숙박비, 식당과 카페 등은 상황에 따라 달라질 수 있다

2 코스

이 책에서는 크게 테마별 여행코스를 선택할 수 있다.
첫 번째는 이 책의 도입부에 있는 '포항 추천 여행코스'를 참고하는 것이고, 두 번째는 축제 및 여행목적에 따른 코스를 따르는 것이다.

3 안내

이 책은 포항시민인 작가가 그동안 경험해 온 지식을 바탕으로 구성되어 있으며 포항시 협조를 받아 포항의 축제행사와 홈페이지 정보 등이 들어가 있다.

CONTENTS

프롤로그   14

여행의 시작

포항, 어떻게 갈까   20
포항, 어떻게 다닐까   24
포항, 축제와 행사   30
포항 12경 / 포항 10미   54
포항 추천 여행코스   58

어디로 갈까?

도심편

환호공원 64 / 영일대 68 / 죽도시장 74 / 포항운하관 80 / 포항철길숲 86

무엇을 먹을까?

마라도횟집 90 / 환여횟집 92 / 장기식당 96 / 평남식당 99 / 더신촌덮죽 102
대화식당 104 / 조방국밥 107 / 황해도순대 110

남구편

호미곶 114 / 호미곶 호미반도 126 / 구룡포 일본인 가옥거리 130
장기읍성 140 / 연오랑세오녀 테마공원 144 / 오어사 운제산 사계 148
Park1538 포스코 역사박물관 154

무엇을 먹을까?

새포항식당 162 / 연일옻닭 164 / 연일개미집 167 / 조림명가 170
까꾸네 모리국수 173 / 임곡 춘천닭갈비 176

북구편

내연산 12폭포 180 / 보경사 184 / 이가리 닻 전망대 188

청하공진시장 192 / 죽장하옥계곡 196 경상북도 수목원 사계 200

무엇을 먹을까?

범촌매운탕 206 / 부원식당 209 / 빌라드웨이브 212

어디서 잘까?

라한호텔 216 / 코모도호텔 218 / 베니키아호텔 220

A1호텔 해도점 222 / 노블리온호텔 224 / 호텔223 226 / 까르페 모텔 228

특 집

포항별미를 찾아서

구룡포 과메기 232 - 해창 234

구룡포 대게 238 - 대게본가 240

고래고기 244 - 장생포 고래1번지 246 / 진미고래 250

아구탕 254 - 강산식당 256 / 양포삼거리생아구탕 259

포항카페를 찾아서

까멜리아 262 / 파루시아 264 / 오이아 카페 266 / 오브레멘 268 / 러블랑 270

포항재미를 찾아서 272

포항바다를 찾아서 276

여행의 시작
포항, 어떻게 갈까?

항공편

포항을 가장 빨리 갈 수 있는 방법이다.

항공편은 서울/김포와 제주가 있다. 김포출발 기준 1시간 안에 도착한다. 자세한 운항시간은 항공사 홈페이지에서 확인하자.

✈ **항공** (포항경주공항 주차장 무료이용) 2025. 5. 기준 **예약 1600-6200**

포항 → 김포	20:45 → 21:45	요일별 운항스케줄 별도 확인
김포 → 포항	09:10 → 10:10	
포항 → 제주	10:45 → 11:50 / 14:05 → 15:10	
제주 → 포항	12:25 → 13:30 / 19:05 → 20:10	

포항경주공항

◎ **상세주소** : 경북 포항시 남구 동해면 일월로 18

📞 1661-2626 (공항종합안내)

버스편

🚌 고속버스 2025. 5. 기준　　　문의 1600-6133

포항 → 서울(3시간 40분)	20:45 → 21:45
첫차 01:00, 막차 23:20	첫차 01:00, 막차 24:00

포항고속버스터미널

📍 상세주소 : 경북 포항시 남구 중앙로 166-2

📞 1666-6133

버스편

 시외버스 2025. 5. 기준 문의 1666-2313

포항 → 부산서부(1시간 40분)	포항 → 동대구(1시간 10분)	포항 → 광주(4시간)
첫차 07:00, 막차 20:00	첫차 06:40, 막차 22:00	첫차 08:05, 막차 18:10 5회
부산서부 → 포항(1시간 40분)	동대구 → 포항(1시간 10분)	광주 → 포항(4시간)
첫차 07:00, 막차 20:00	첫차 06:40, 막차 22:00	첫차 08:00, 막차 17:30 5회

포항시외버스터미널

📍 주소 : 경북 포항시 남구 중흥로 85 포항터미널

📞 1666-2313

기차편

 ## 포항-서울 KTX 2025. 5. 기준 　　　문의 1544-7788

동해선 상행(포항 → 서울)		동해선 하행(서울 → 포항)	
05:36 → 08:01	16:21 → 18:58	15:38 → 08:07	14:33 → 17:03
07:15 → 09:52	18:00 → 20:33	06:43 → 09:08	15:09 → 17:34
09:58 → 12:25	18:32 → 20:56	08:08 → 10:39	15:50 → 18:05
10:15 → 12:48	18:59 → 21:31	08:35 → 10:54	16:18 → 18:43
11:04 → 13:36	19:28 → 22:05	09:23 → 14:48	17:33 → 20:03
12:46 → 15:14	21:36 → 00:06	10:43 → 13:12	20:38 → 23:07
14:03 → 16:41		12:39 → 14:59	22:18 → 00:43
15:37 → 17:57		12:58 → 15:28	

KTX / SRT 포항역(고속철도)

⊙ 주소 : 경북 포항시 북구 흥해읍 포항역로 1

📞 1588-7788

포항, 어떻게 다닐까

주요 버스

- **9000번**
  호미곶 → 구룡포일본인가옥거리 → 포항경주공항 → 고속버스터미널

- **900번** 구룡포일본인가옥거리 → 포항스틸야드 → 포항경주공항

- **219번, 131번, 306번, 305번, 308번**
  포스코 PARK1538 → 고속버스터미널 → 오천(지선) 오어사

- **5000번** 보경사 → 청하공진시장

- **동해(지선)** 연오랑세오녀테마공원

- **110번, 111번** 포항운하관

- **131번, 111번** 송도해수욕장

- **207번, 216번, 209번, 900번**
  영일대해수욕장 → 환호공원(스페이스워크) → 양덕3 용한1리(서핑)

택시

- **육일교통** T.054-282-6162
- **한빛교통** T.054-241-4777
- **영진교통** T.054-251-8277

렌트카

- **롯데렌탈 포항지점** T.054-252-8000
- **롯데렌탈 KTX지점** T.054-278-8000
- **에코렌트카 죽도영업소** T.054-284-6612

포항관광택시

시티투어

여행일정 등 생각하기 싫고 떠나고 싶을 때
이용하면 좋은 시티투어도 이용해보자!!

가람관광여행사 T.(054)262-3803

관광안내소

시민과 함께하는 포항 관광안내소에서는 관광객 여러분께 필요한 관광지 안내, 음식, 숙박, 교통 등의 관광정보를 안내하며, 포항의 볼거리 12경과 포항의 맛지도가 소개된 관광안내 지도를 무료로 나누어 주고 있다.

국번없이 1330

1330은 전국관광안내전화로서 한국관광공사가 운영하며 내·외국인을 대상으로 24시간 연중무휴 관광안내, 관광통역을 돕는 서비스이다.

- **시외버스 관광안내소**
  경북 포항시 남구 중흥로 85 Tel. 054-270-5836

- **포항역 관광안내소**
  경북 포항시 북구 흥해읍 포항로 1   Tel. 054-270-5837

- **포항 공항 관광안내소**
  포항시 남구 동해면 일월로 18 포항공항 Tel. 054-289-7298

- **여객선터미널 관광안내소**
  경북 포항시 북구해안로 44 Tel. 054-270-5977

- **오어사 관광안내소**
  경북 포항시 남구 오천읍 오어로 1 Tel. 054-293-2374

- **보경사 관광안내소**
  경북 포항시 남구 송하면 보경로 523 Tel. 054-262-2371

- **호미곶 관광안내소**
  경북 포항시 남구 호미곶면 해맞이로 136

- **구룡포역사관 관광안내소**
  경북 포항시 구룡포읍 구룡포길 153-1 Tel. 054-276-9605

- **월포역 관광안내소**
  경북 포항시 북구 청하면 월포리 404-3 Tel. 054-232-2220

영덕군
(남정면)

죽장하옥계곡

내연산
향로봉
치유의 숲 **내연산12폭포**
천령산
매봉

경상북도수목원

내연산보경사시립공원
보경사
대전리 3·1
의거기념탑
화진해수욕장

4코스

오션힐스포항CC
조사리간이해변

포항CC

월포
월포해수욕장

청하향교
청하공진창
청하면
기청산식물원

3코스
청하공진창
드라마 촬영지
이가리 닻 전망대
이가리간이해변
드라마 촬영지

이스턴CC

칠진항(윤치과)

마복수지
법광사
산광면

덕실마을
(이명박대통령 고향마을)

사랑기념공원
오도카페거리
오도주상절리

영일만북파랑길

냉수리신라비
용연저수지

칠포해수욕장
20
칠포해수욕장

흥해향교
이팔나무군락

화수
북천수 북천수

고룡산
포항수중봉사연구소

흥해읍
선란대학교

용한 서림번회
포항영일만항

동해안로
일반산업단지

도음산산림문화수련장

포항대교
영일만
일반산업단지
포항해상스카이워크

포항시
2코스

스페이스워크
환호공원

익산포항고속
화전

포항
포항영아트센터

영일대해수욕장
영일대&
포스코야경

1코스

철길숲&
불의정원

포항시청
포항KBS

숭도공원

경주양동마을
(세계문화유산)

포스코

포항운하

호미곶등대
국립등대박물관
상생의 손
새천년기념관

4코스
호미곶일출

호미반도해안둘레길

호미곶면

모감주나무와
병아리꽃나무 군락지

3코스

구룡포 할목창성

호미반도
해안둘레길

2코스

연오랑세오녀
테마공원
드라마 촬영지

1코스
구룡포과메기문화관
구룡포근대역사관

구룡포
일본인가옥거리
드라마 촬영지

구룡포읍

포항신항

포스코 Park1538

구룡포해수욕장

대송면

중앙생태공원
국민여가캠핑장

포항철강산업단지
오천읍

석곡기념관
포항경주공항

남구

남포항

중앙서원

문제산
오어사 사계

일월
문화공원

학산서원

오천읍

경남서원·단향나무

고석사(보물·불상)

안산서원·옥산서원

장기면

남면
일출암

장기읍성&
유배문화체험촌

상영서원·금산서원

장기향교

신창해수욕장

영포함
어촌 여행 복합공간

천북면

29

포항축제와 행사

포항 호미곶 한민족 해맞이 축전

24.12.31.화 ≫ **호미곶한민족 해맞이축전** ≫ **25.01.01.수**

	장소	시간	주요 내용
공식행사 12.31(화) 16:00 ~ 01.01(수) 09:00	해넘이행사	16:00 - 17:00	호미곶 버스킹 페스티벌 1부
		17:00 - 18:00	일몰 감상 & 2024 리뷰 영상
		18:00 - 19:00	나후와 함께하는 <랜덤플레이댄스>
		19:00 - 22:00	호미곶 버스킹 페스티벌 2부
	O.시 행사	23:00 - 23:50	대동한마당 <활활이청청 with EDM>
		23:50 - 00:10	을사년 희망 불빛 ON <카운트다운 호미곶 2025>
	해맞이 행사	00:10 - 06:30	호미곶 새벽 영화제
		06:30 - 07:00	새해 긍정 체조
		07:00 - 07:20	신년 사자성어 발표
		07:20 - 07:30	새해 인사&신년 퍼포먼스
		07:30 - 08:30	새해 일출 감상 (온라인 중계) / 호미곶 해맞이 범굿 '어~옹(興)한민국'
부대행사 12.31(화) 14:00 ~ 01.01(수) 09:00 (상시운영)	호미곶해맞이광장	상시운영	아트월 드로잉 <잘가 2024, 어서와 2025> | 호미곶 아시장 | 2025 떡국 나눔
	맺음의 쉼터		맺음의 체험 | 2025쉼터 | 공식행사 현장생중계 | 호미곶 새벽 영화제
	상생의 쉼터		도약의 체험 | 2025년을 맞이하며 | 2024년을 돌아보며

한반도에서 가장 먼저 맞는 새해

호미곶 한민족 해맞이 축전

한반도에서 가장 먼저 해가 뜨는 곳, 포항 호미곶. 이곳은 매년 새해를 맞이하는 상징적인 장소로 자리 잡았으며, '호미곶 한민족 해맞이 축전'은 전국에서 가장 주목받는 해맞이 행사 중 하나로 손꼽힌다.

1999년을 시작으로 매년 12월 31일부터 1월 1일까지 이틀간 열리는 이 축전은, 단순히 해를 맞이하는 것을 넘어 한민족의 화합과 새로운 시작을 기원하는 의미 깊은 시간을 선사한다.

호미곶, 해맞이의 성지

경상북도 포항시 남구 호미곶면에 위치한 호미곶은 한반도의 최동단에 자리해 대한민국에서 가장 먼저 해가 떠오르는 곳으로 알려져 있다. 특히 호미곶 광장에 세워진 '상생의 손' 조형물은 새해 해돋이를 감상하는 명소로 널리 알려져 있으며, 수평선 위로 떠오르는 태양과 맞닿는 손의 모습은 장관을 이룬다.

이러한 지리적 상징성과 더불어, 축제는 희망찬 새해의 시작을 알리는 의미 있는 순간을 함께 나누는 자리로 많은 이의 발길을 모은다.

다양한 프로그램으로 채워지는 이틀간의 축제

축전은 이틀간 다양한 프로그램으로 채워진다.

12월 31일 오후, 지역 특산물 체험과 먹거리 장터가 운영되며, 다양한 공연과 불꽃놀이가 분위기를 고조시킨다. 밤이 깊어질수록 카운트다운 이벤트와 함께 새해를 기다리는 열기가 더해진다.

1월 1일 자정, 화려한 불꽃놀이와 함께 새해를 맞이하고, 이른 새벽에는 해맞이 기원제를 통해 새로운 해의 안녕과 번영을 기원한다. 이후 해돋이 감상과 함께 다양한 체험 프로그램이 이어져, 해를 맞이하는 감동을 더한다.

주요 행사 외에도 떡국 나눔, 버스킹 공연, 랜덤플레이댄스, 새벽 영화제, EDM 파티 등 젊은 감성과 전통이 어우러진 부대행사들이 풍성하게 펼쳐져, 누구나 즐길 수 있는 축제로 완성된다.

지역을 살리는 축제

'호미곶 한민족 해맞이 축전'은 매년 약 200만 명의 관광객이 방문하고, 200억 원 이상의 경제 유발 효과를 창출하며 지역 경제에 큰 활력을 불어넣고 있다. 동시에 포항의 자연, 전통, 문화를 널리 알리는 기회로도 기능하며, 포항을 대표하는 문화 관광 축제로 그 입지를 굳히고 있다.

축제장 안내

장소 : 경북 포항시 남구 호미곶면 해맞이광장

입장료 : 무료

이용 팁 : 포항시내에서 호미곶까지 운행하는 대중교통을 이용하면 편리하다. 자가용 이용 시 축제 기간 교통 정체가 심할 수 있으므로 가급적 일찍 도착하는 것을 추천한다.

현장에는 공영 주차장과 임시 주차장이 마련되어 있으며, 셔틀버스도 운행된다.

새로운 시작, 함께하는 감동

호미곶에서 맞는 해돋이는 단순한 자연 현상이 아니다.

그곳에는 새해에 대한 기대, 지나온 해에 대한 성찰, 그리고 함께하는 사람들과의 특별한 연결이 담겨 있다.

'호미곶 한민족 해맞이 축전'은 한 해의 출발을 깊이 있게 기억하고 싶은 이들에게 꼭 추천하고 싶은 축제다.

가족, 친구, 연인과 함께 한반도 최동단에서 떠오르는 첫 해를 바라보며, 새해의 희망과 감동을 함께 나눠보자.

포항국제불빛축제

2024년도 행사

2024 포항국제불빛축제

TIME TABLE	5/31(금)	6/1(토)	6/2(일)
14:00 -		축제장 오픈	
14:00 - 16:00	뮤직 & 프린지 페스타	뮤직 & 프린지 페스타	영일대 청춘 톡(Talk)쇼 With 송하빈·강현석
16:00 - 18:00		판타스틱 포(4)항 거리 퍼레이드	
18:00 - 20:00		군악대 공연 미해병대 제3기동군사령부(III MEF)	뮤직 & 프린지 페스타
		뮤직 & 프린지 페스타	
20:00 - 21:00	파이어드림시어터 [불도깨비]	불빛 라디오	포항시립합창단 '빛으로 불꽃으로'
21:00 - 21:40	라이트 퍼포먼스 [디스이즈엠]	불빛 카운트다운	불빛 낭만 콘서트 With 이석훈·우디
21:40 - 22:00	데일리 불꽃 쇼 & 불빛 드론 쇼	국제불꽃경연대회(미국·호주·중국) 그랜드피날레(한국) & 드론 라이트 쇼	데일리 불꽃 쇼 & 멀티미디어 쇼
부대행사	불빛테마존, 영일대 불빛 놀이터, 불빛체험존, 푸드트럭, 농특산물장터, 먹거리장터, 소소마켓		

행사장 안내

1 농특산물 장터
2 먹거리
3 체험, 마켓존
4 푸드트럭
5 불빛테마존
6 소소마켓
7 후원
8 운영부스
9 메인무대
10 객석
11 종합상황실
12 콘솔
13 캐릭터
14 불빛드론
ⓘ 안내
♿ 휠체어

포항의 밤을 수놓는 빛의 향연

포항국제불빛축제

'불과 빛의 도시' 포항에서는 매년 여름, 도시 전체를 찬란하게 수놓는 대표 문화관광축제인 포항국제불빛축제가 성대하게 펼쳐진다. 산업과 예술, 시민의 열정이 어우러지는 이 축제는 포항을 찾는 이들에게 잊지 못할 여름밤의 추억을 선사한다.

이 축제는 2004년, 포항시민의 날을 기념해 열린 불꽃놀이에서 시작되었다. 철강 도시 포항을 상징하는 '빛'과 뜨거운 용광로의 '불'을 테마로 한 이 축제는, 이후 해마다 규모를 키우며 국제적인 불꽃 경연 대회로 자리매김했다. 지금은 국내를 넘어 해외 유명 불꽃 팀들이 참여해 세계 수준의 불꽃 퍼포먼스를 펼치며, 축제를 찾은 이들에게 화려한 감동을 선사하고 있다. 포항국제불빛축제는 단순한 불꽃놀이에서 벗어나 불빛 퍼레이드, 미디어 파사드, 퍼포먼스 공연, 체험 부스, 야시장 등 다양한 콘텐츠로 구성되어 있다. 지역 산업의 정체성과 문화를 연결 짓는 융합형 콘텐츠들이 더욱 강화되면서, 시민 참여형 프로그램도 함께 확대되고 있다.

특히, 야경과 함께 어우러지는 대규모 멀티미디어 불꽃쇼는 매년 하이라이트로 손꼽히며, 환상적인 음악과 불꽃, 조명이 어우러진 연출은 보는 이들의 탄성을 자아낸다.

산업도시의 새로운 얼굴, 축제로 피어나다

포항국제불빛축제는 철과 불의 도시라는 정체성을 창의적 문화 콘텐츠로 재해석한 대표적인 사례로, 포항을 처음 찾는 여행자에게도 특별한 인상을 남긴다. 도시의 야경과 맞물려 펼쳐지는 불빛의 향연은, 포항이라는 도시의 또 다른 매력을 온몸으로 느낄 수 있는 기회다.

가족, 연인, 친구들과 함께 여름밤을 수놓을 특별한 추억을 만들고 싶다면, 포항국제불빛축제를 절대 놓치지 말자.

행사 안내

- **기간** : 매년 여름
  (보통 7~8월 중 개최, 정확한 일정은 포항시 공식 홈페이지 참조)
- **장소** : 포항 영일대해수욕장 일원
- **주요 프로그램** : 국제 불꽃경연, 불빛 퍼레이드, 특설무대 공연, 체험 부스, 먹거리 장터 등
- **입장료** : 대부분의 프로그램 무료 / 일부 유료존 운영

포항스틸아트페스티벌

축제장 배치도

① 스틸 픽
② 페퍼사무국
③ 스틸 전시
④ 스틸 명
⑤ 정철 놀이터
   스틸 프리즌 브레이크
⑥ 체험프로그램
   시민축제기획단ZONE
⑦ 어린이 그림대회 전시

시계탑삼거리

상시운영   10. 19.(토) ~ 10. 27.(일) 10:00~18:00

▸ 스틸 전시   ③

<스틸, 지금도 움직이는>
Steel's still moving now

1. 잇다 · 잇다 Connection
   김상균, 김성복, 김백기
   오종석, 사공숙, 우우길, 이윤애
   김시하, 남나현, 문이식
   변상환, 여상욱, 오재성

2. 두드림, 철의 변주 Knocking, variation of Steel
   박정민, 안애민, 유동령, 이지호, 정애인
   캐서린 후블 Katherine Hubble
   노아 월터 Noah Walter
   필립 스필만 Philipp Spillmann

▸ 스틸 다시보기 <전시>   ❶ ❼

스틸 픽 STEEL PICK	시민이 직접 뽑은 스틸아트작품 TOPS 작품을 감상하며 나만의 작품해석해보기
어린이 그림대회 전시	어린이의 시선으로 바라 본 스틸아트작품 TOPS

▸ 스틸 체험   ❹ ❺

스틸 멍 STEEL SPACE OUT	아트 멍, 씨(sea) 멍, 하늘 멍 '멍' 때리면서 축제 즐기기
정철 놀이터	스틸 소재로 만든 놀이터
홀데이 스틸	삼입볼 영상 요가 10. 21.(월)~10. 22.(화) / 10:30~11:30 어반스케치 10. 23.(수) / 10:30~11:30, 11:30~12:30 해변 어싱 10. 24.(목)~10. 25.(금) / 10:30~11:30

주말운영   축제기간 매주 금,토,일

▸ 스틸 다시보기 <공연/체험>   ❷

스틸 세리머니 STEEL CEREMONY	2024 포항스틸아트페스티벌의 시작을 알리는 개막 세리머니
스틸 다시보기 <공연/체험>	스틸아트작품 앞에서 펼쳐지는 작품 재해석 공연·체험
프린지 공연	무대를 벗어나 곳곳에서 펼쳐지는 거리예술공연

스틸 프리즌 브레이크 / 체험프로그램 ZONE / 시민축제기획단 ZONE   ❺ ❻

스틸 프리즌 브레이크 STEEL PRISON BREAK	100개의 열쇠 중 감옥을 탈출할 수 있는 열쇠는 단 하나! 제한시간 안에 탈출하면 보물은 당신의 것
체험프로그램 ZONE	스틸 대장간부터 공예체험까지, 철의 무궁무진한 변신 체험하기
시민축제기획단 ZONE	시민의 작품 기획하고 운영하는 체험프로그램과 OX퀴즈 이벤트 참여하고 선물 받아가기

스틸 아트투어

스탬프 투어	**도슨트 투어**	**나이트 투어**
자유롭게 숨겨진 스탬프를 찾으며 투어하기	축제장 내 작품의 전시해설을 들으며 투어하기	직접 랜턴을 들고 작품을 비춰보며 가을밤 투어하기

**스틸
포럼**

| 일시 : 2024. 10. 25.(금) 14:00~17:00
| 장소 : 라한호텔 포항 6층 힐링&로즈홀
| 접수 : 사전(전화) 및 당일 현장접수

<주제>
포항스틸아트페스티벌의 '현재', 우리는 어떻게 준비할 것인가?

<기획대담>
포항스틸아트페스티벌 주요쟁점은 무엇었가?
· 이상길(포항문화재단 대표이사), 이사장(2024포항스틸아트페스티벌 예술감독)

<발 제>
| 발제① 포항스틸아트페스티벌의 방향성,
어떻게 만들어 갈 것인가?
· 이동(배재대학교 미술학부 교수)
| 발제② 철의 도시 공공미술 사례
· 안영주(금파대학교 예술학과 초빙교수)
| 발제③ 금속공예로 철의 산업화는 가능한가?
· 민복기(서울대학교 공예과 교수)

<종합토론>
| 좌장 최향희(경성대역사박물관장)
| 패널 · 김대원(포항조각가협회장)
· 최나린(지역작가)
· 최지훈(한국미술협회 포항지부장)

▸ 상기 일정 및 프로그램 내용은 변동될 수 있습니다.

철의 도시에서 만나는 예술의 변신

포항스틸아트페스티벌

포항은 철강 산업으로 잘 알려진 도시지만, 이 철을 예술로 승화시킨 특별한 축제가 있다. 바로 포항스틸아트페스티벌이다. 이 축제는 철이라는 산업 자원을 예술의 언어로 풀어내며, 도시의 정체성을 문화적으로 재해석하는 시도로 2013년 처음 시작되었다.

매년 가을, 포항 도심 곳곳에서 열리는 이 축제는 '도시를 변화시키는 예술의 힘'을 주제로 다양한 스틸 조형물 전시, 미디어아트, 퍼포먼스 공연, 시민 참여형 프로그램 등을 선보인다. 철로 만든 예술 작품들이 공공 공간에 설치되어 누구나 자유롭게 감상할 수 있으며, 작품과 도시가 어우러지는 독특한 풍경을 만들어낸다.

특히 영일대해수욕장, 송도해수욕장, 철길숲, 포항운하 등 포항의 대표적인 장소들이 스틸 아트의 캔버스로 변모하며, 산책하듯 걷는 거리마다 새로운 작품과 마주칠 수 있는 것이 이 축제의 가장 큰 매력이다.

포항의 스틸아트페스티벌은 단지 예술작품을 감상하는 데 그치지 않는다. 어린이와 가족을 위한 체험 프로그램, 거리 공연, 시민들과 함께하는 커뮤니티 아트 프로젝트 등 누구나 즐길 수 있는 축제의 장으로 자리 잡고 있다. 철이라는 딱딱한 재료가 사람들의 손을 거쳐 따뜻하고 창의적인 예술로 변모하는 과정을 가까이에서 지켜볼 수 있어 더욱 흥미롭다. 철강 도시라는 산업적 이미지에만 머물지 않고, 그 속에서 문화와 예술의 가능성을 확장해가는 포항의 새로운 모습을 보여주는 축제. 가을의 선선한 바람을 느끼며, 도시 곳곳을 누비며 철의 예술을 감상해보는 것은 포항 여행에서 누릴 수 있는 특별한 경험이 될 것이다.

포항 해병대문화 축제

강인한 정신과 공동체의 열정을 만나다

포항 해병대 문화축제

경북 포항은 '강한 해병, 정의의 사나이'로 불리는 해병대 제1사단이 자리한 도시다. 이곳에서는 매년 늦봄이면, 해병대의 강인한 정신과 국민과의 소통을 테마로 한 특별한 축제, 포항 해병대 문화축제가 열린다.

이 축제는 2001년을 시작으로, 해병대와 지역사회가 함께 만들어가는 화합의 장으로 꾸준히 성장해왔다. 단순한 군 축제를 넘어, 일반 시민과 관광객이 함께 참여하고 체험할 수 있는 프로그램을 풍성하게 구성하여 전국 각지에서 많은 이들을 불러 모은다.

축제는 주로 포항 해병대 제1사단과 오천읍 일원에서 진행된다. 축제 기간에는 부대가 일반인에게 개방되며, 평소에는 볼 수 없는 해병대의 훈련 모습이나 장비를 가까이에서 체험할 수 있는 기회가 제공된다. 해병대 장병들과 함께하는 다양한 프로그램은 남녀노소 누구에게나 특별한 경험이 된다.

가장 인기를 끄는 프로그램은 단연 해병대 캠프 체험이다. 실제 해병 훈련을 간접적으로 체험할 수 있는 이 프로그램은, 군장 메고 구보하기, 해병대 유격 훈련, 장애물 극복 훈련 등으로 구성된다. 체험에 참여한 사람들은 땀을 흘리며 해병대의 강한 체력과 정신력을 몸소 느껴볼 수 있다. 단순한 놀이가 아닌, '내 한계를 뛰어넘는 도전'으로 기억에 남는 활동이다.

또한, 무기 전시 및 장비 체험, 군악대 공연, 해병대 의장대 시범, 군용 헬기 및 장갑차 탑승 체험 등 군사적 요소를 활용한 볼거리도 다양하게 펼쳐진다. 아이들에게는 색다른 체험학습의 장이 되고, 성인들에게는 국방에 대한 이해를 높이는 기회가 된다.

이외에도 시민과 장병이 함께 어우러지는 플래시몹 퍼레이드, 체육대회, 먹거리 장터, 지역 공연팀의 문화공연 등이 마련되어 축제의 흥을 더한다. 특히 지역 주민과 해병 가족, 장병들이 한데 모여 포항만의 독특한 공동체 문화를 만들어내는 모습은 매우 인상적이다.

포항 해병대 문화축제는 단지 해병대의 군사력을 과시하는 행사가 아니다. 해병대라는 강한 이미지를 바탕으로, 지역 사회와의 소통, 시민과의 연결, 나아가 국민과의 신뢰를 다지는 축제다.

또한, 포항이라는 도시가 가진 산업적 · 군사적 정체성을 자연스럽게 문화로 풀어내고 있다는 점에서, 관광객에게도 매우 흥미로운 경험이 될 수 있다. 거칠고 단단해 보이는 해병대의 세계 속에서도 시민과 함께하는 따뜻한 온기를 느낄 수 있기 때문이다.

축제는 보통 5월 말에서 6월 초 사이에 열리며, 일정은 매년 포항시청 또는 해병대 제1사단 공식 채널을 통해 확인할 수 있다. 포항 여행을 계획 중이라면, 해병대 문화축제와 함께하는 여정을 더해보자. 철과 바다의 도시 포항에서, 또 다른 얼굴인 '강인함과 공동체 정신'이 살아 있는 진한 경험을 마주하게 될 것이다.

포항 pohang 톺아보기

포항은 경상북도 동남쪽 동해안에 위치한 경북 최대의 도시로, 포스코 본사가 있는 산업의 중심지다. 이곳은 과메기의 고향으로 유명하며, 특산물인 과메기는 전국적으로 명성을 얻고 있다. 포항은 또한 대한민국 해병대의 고향으로, 해병대 제1사단의 주둔지이자 해병대교육훈련단이 있는 도시이기도 하다.

또한, 포항은 신선한 해산물을 맛볼 수 있는 곳으로 잘 알려져 있다. 죽도시장은 특히 유명한 명소로, 갓 잡은 해산물을 즉시 판매하며, 그 신선함을 그대로 느낄 수 있다. 포항은 자연, 산업, 군사적 의미가 어우러져 독특한 매력을 지닌 도시이다.

심벌마크
국제교류와 해양문화의 중심도시, 포항시의 비전을 담아 영문명칭을 이용한 워드마크 형태로 개발함. 원형 그리드(Grid)를 기본 모티브로 환동해를 중심으로 한 글로벌 네트워크, 정보 문화의 교류를 표현하였으며, 풍성하고 다양한 시민의 문화적 삶과 자유와 활기가 넘치는 무한 가능성을 내포한 포항시의 이미지를 독특한 서체로 개발됨.

도시 브랜드
역동적인 포항시를 바탕으로 시민 모두가 행복한 포항시가 되기 위한 염원을 담음. 이니셜 P를 이용하여 새싹과 하트모양으로 친근감있게 표현함으로써 즐거움과 행복함이 퍼져나가는 포항시의 이미지를 담고 있음. 포항시민의 삶의 질과 적극적인 참여를 유도할 수 있도록 친근하게 리뉴얼하여 누구나 즐겁고 행복하기를 바라는 포항시의 희망을 담음.

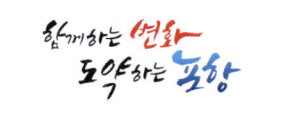

슬로건
침체된 지역경제를 살리고, 잃어버린 도시 활력을 되찾아 지역발전과 시민행복을 실현하기 위해 53만 포항시민 모두가 협력을 통한 변화와 혁신으로 더 크게 도약하는 포항을 표현

목표
경제와 환경, 문화와 복지, 도시규모 등 도시의 모든 기능이 양적성장을 극복하고, 질적성장을 통하여 더 큰 미래를 지향

캐릭터

해(연오)와 달(세오)을 상징하며, 포항의 정체성이 담긴 「연오랑 세오녀 설화」를 바탕으로 개발됨. 이는 빛과 희망을 상징하며 포항시의 활기, 즐거움, 자유, 희망, 열정을 레드 계열의 태양 캐릭터로 첨단, 글로벌, 무한성장, 꿈, 에너지는 블루계열의 달 캐릭터로 표현함. 한쌍의 캐릭터가 조화를 이루며 밝은 표정과 경쾌한 동작으로 시민들에게 친근하게 다가갈 수 있도록 디자인.

市鳥 - 갈매기

해양 풍물로 임해도시의 이미지와 높은 향토애를 상징한다. 항상 무리를 지어 생활하는 습성으로 시민들의 부지런함과 근면 성, 단합을 의미하고 진취적인 시민 기상을 나타내며, 망망한 바다와 거센 파도 속에서 생활하는 시민들의 강인한 의지 와 원대한 이상을 표현하며, 늘 깨끗하며 고결하여 친근감을 준다.

市花 - 장미

장미과에 속하는 여러해살이 떨기나무로 꽃말은 불타는 사랑, 아름다움으로 표현. 꽃이 아름답고 향기가 좋아 사랑을 뜻하며, 베풀 줄 아는 시민이 되길 바라는 의미가 있다. 세계화로 도약하는 철강도시의 끓어오르는 용광로처럼 시민의 정열을 의미한다.

市木 - 해송

소나무과의 상록 침엽수로 바닷가를 따라 자라기 때문에 해송으로 불리며 일명 흑송(黑松)또는 곰솔이라고 하며 동해안 지역에 널리 분포되어 있는 향토 수종이다. 천년만년 푸르름과 싱싱함을 유지하면서 비바람과 폭풍에도 굳건 히 이겨 나가는 굳센 인내와 늠름한 시민들의 기품을 상징하며, 수령이 300년 이상으로 소나무에 비해 장엄하고 남성적 기품이 있는 나무로 옛부터 백목(百木)의 장(長)으로 절개와 지조의 상징 으로 여겨 왔으며 또한 지구상에서 가장 오랫동안 전해온 수종의 하나로 우리 고장의 영원한 발전을 상징한다.

市魚 - 청어

청어목 청어과 청어속의 바닷물고기로, 몸빛깔은 담흑색에 푸른색이지만 배 쪽은 은백색이다. 대표적인 한해성 어류에 속하며 산업적 가치가 높은 물고기이다. 영일만은 고대부터 청어의 산란지였기에 1900년대 초·중반 본격적으로 근대 어선을 동원하여 당시 조선 전국 청어유통량의 60~70%를 차지하는 등 청어는 포항 발전의 큰 원동력이었다. 포항 영일만 과메기의 최초 원료이자 포항의 역사성과 시민정서를 내포하는 포항의 대표 수산물이다.

포항 12경

호미곶 일출

◎ 경상북도 포항시 남구
   호미곶면 해맞이 광장

☎ 054-284-5855

내연산 12폭포

◎ 경상북도 포항시 북구
   송라면 중산리

☎ 054-950-7996

운제사 오어사 사계

◎ 경상북도 포항시 오천읍
   오어로 1

☎ 054-270-5836

호미반도 해안둘레길

◎ 경상북도 포항시 남구
   동해면 입암리 357

영일대 & 포스코 야경

경상북도 포항시 북구
두호동 685-1

포항운하

경상북도 포항시 남구
해도동 537

054-270-5177

경상북도수목원 사계

경상북도 포항시 죽장면
수목원로 647

054-262-6110

연오랑세오녀 테마공연

경상북도 포항시 남구
동해면 호미로 3012

054-289-7955

철길숲 & 불의 정원

◉ 경상북도 포항시 남구
　대잠동 171-5

☏ 054-270-2275

죽장 하옥계곡

◉ 경상북도 포항시 죽장면
　하옥리

☏ 054-240-7670

장기읍성 & 유배문화체험촌

◉ 경상북도 포항시 남구
　장기면 읍내리 156

☏ 054-270-2275

구룡포 일본인 가옥거리

◉ 경상북도 포항시 남구
　구룡포읍 호미로 277

☏ 054-276-9605

포항 10미

모리국수

구룡포대게

아구탕

과메기

포항해신탕

소머리곰탕

등푸른막회

영일대 조개구이

포항 물회

포항초 산채비빔밥

뚜벅이 여행자 당일치기 시외버스터미널 기준
추천여행코스

도심편

■ **시외버스터미널** → 환호공원 → 시립미술관 → 스페이스워크 → 마라도횟집
→ 오브레멘 → 영일대 누각 → 죽도시장 → 송도해변 치맥 or 송도조개구이
→ 포항운하 포스코야경

남구권

■ **시외버스터미널** → 구룡포 일본인 가옥거리 → 까멜리아
→ 호미곶 새천년기념관 → 상생의 손 → 파루시아 커피
→ park 1538(예약필수) → 죽도시장 어시장 → 포항운하 포스코야경

북구권

■ **시외버스터미널** → 청하공진시장 → 내연산 12폭포(왕복 2~3시간) 보경사
→ 죽도시장 → 영일대 → 스페이스워크 → 환여횟집 → 오브레멘
→ 한계령 조개구이 → 죽도시장 회(겨울철 대게 or 과메기 or 아구수육)

■ **시외버스터미널에서 900번 버스타고 구룡포일본인가옥거리(종점)**
5000번 버스타고 청하공진시장/내연산12폭포 or 보경사(종점)

■ **고속버스터미널에서 9000번 버스타고 호미곶**

■ **KTX역 9000번 버스타고 호미곶**
5000번 버스타고 청하공진시장/내연산12폭포 or 보경사(종점)

■ **포항공항에서 900번 또는 9000번 이용가능**

■ **보경사 및 청하공진시장은 5000번 버스타고 이동가능**

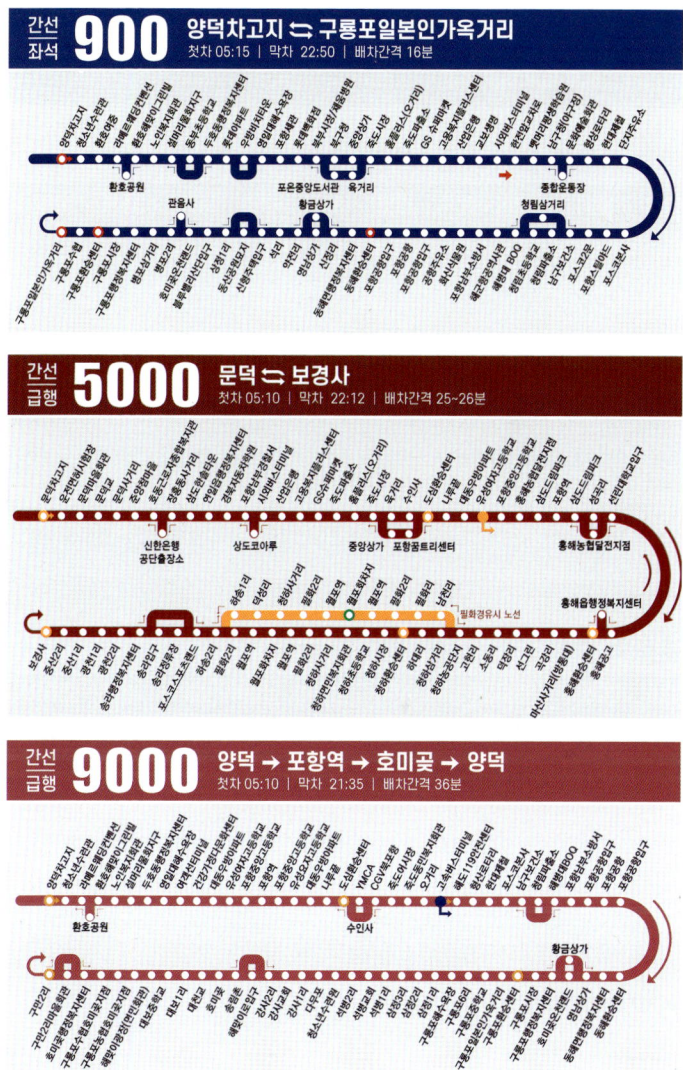

간선급행 9000

2024년 1월 1일 시행

양덕 차고지 출발 시간(상행-호미곶 방면)

연번	양덕	연번	양덕	연번	양덕	연번	양덕	연번	양덕
1	5:10	6	8:40	11	12:05	16	15:31	21	19:19
2	5:51	7	9:21	12	12:45	17	16:12	22	19:55
3	6:32	8	10:02	13	13:26	18	16:55	23	20:30 구룡포 운행종료
4	7:13	9	10:43	14	14:09	19	17:47	24	21:05 구룡포 운행종료
5	7:56	10	11:24	15	14:50	20	18:33	25	21:35 구룡포 운행종료

▶구간별 소요 시간 참고
　양덕 포항역(30) → 오거리(20) → 포항경주공항경유(25) → 구룡포(20) → 호미곶(25)
　※음영부분 : 포항경주공항 경유
　[20:30, 21:05, 21:35 구룡포 일본인가옥거리 운행 종료]

포항역 출발 시간(상행-호미곶 방면)

연번	포항역	연번	포항역	연번	포항역	연번	포항역	연번	포항역
1	5:40	6	9:10	11	12:35	16	16:01	21	19:49
2	6:21	7	9:51	12	13:15	17	16:42	22	20:25
3	7:02	8	10:32	13	13:56	18	17:25	23	21:00 구룡포 운행종료
4	7:43	9	11:13	14	14:39	19	18:17	24	21:35 구룡포 운행종료
5	8:26	10	11:54	15	15:20	20	19:03	25	22:05 구룡포 운행종료

▶구간별 소요 시간 참고
　포항역(30) → 오거리(20) → 포항경주공항(25) → 구룡포(20) → 호미곶(25)
　※음영부분 : 포항경주공항 경유
　[21:00, 21:35, 22:05 구룡포 일본인가옥거리 운행 종료]

이 자료는 2025년 6월 기준임을 알려드립니다.

구룡포 일본인가옥거리 승강장 출발 시간(상행-호미곶 방면)

연번	구룡포	연번	구룡포	연번	구룡포	연번	양덕	연번	구룡포
1	6:20	6	9:31	11	15:59	16	16:25	21	20:10
2	6:45	7	10:15	12	13:40	17	17:06	22	20:55
3	7:26	8	10:56	13	14:20	18	17:47	23	21:20
4	8:07	9	11:37	14	15:01	19	18:30		
5	8:48	10	12:18	15	15:44	20	19:20		

▶구간별 소요 시간 참고

구룡포(20) → 호미곶(25)

※음영부분 : 포항경주공항 경유

자가용 여행자 당일치기 기준
추천여행코스

포항 IC

■ 도심편
죽도시장 → 환호공원 → 스페이스워크 → 영일대 누각 → 마라도횟집
→ 오브레멘 → 이가리 닻 전망대 → 청하공진시장 → 보경사 → 러블랑

남포항 IC

■ 남구권
구룡포일본인거리 → 까멜리아 → 까꾸네모리국수(겨울철 대게 or 과메기)
→ 호미곶 → park1538(예약필수) → 운하박물관 → 크루즈 → 죽도시장
→ 영일대 → 오브레멘 → 스페이스워크 야경 → 한계령 조개구이

북포항 IC

■ 북구권
내연산12폭포 (왕복2~3시간) → 보경사 → 청하공진시장 → 이가리 닻 전망대
→ 러블랑 → 빌라드웨이브 → 환호공원 → 스페이스워크 → 영일대 야경
→ 죽도시장 회 (겨울철 대게 or 과메기 or 아구수육)

1박2일 또는 2박3일은 직접 계획하는 재미를!!

포항, 여행이 되는 순간_어디로 갈까?

도심편

환호공원, 영일대, 죽도시장, 포항운하관, 포항철길숲

무엇을 먹을까?

마라도횟집, 환여횟집, 장기식당, 평남식당
더신촌덮죽, 대화식당, 조방국밥, 황해도순대

환호공원

스페이스워크

영일대해수욕장 끝자락, 해안마을 뒷동산을 따라 오르면 탁 트인 풍경 속에 포항 최대 규모의 공원, 환호공원이 펼쳐진다. 해안 절벽과 울창한 수목 사이에 현대적 감각을 더해 조성된 이곳은 시민들의 여가와 문화, 휴식을 위한 복합 공간으로, 여행자에게도 머물러 보고 싶은 여유를 선사한다.

공원 안에는 포항시립미술관과 야외공연장, 어린이도서관, 간이동물원, 어린이모험놀이터, 환호전통놀이공원, 바닥분수, 전망대까지 볼거리와 즐길 거리가 다양하다. 하지만 무엇보다 이곳을 특별하게 만드는 건 '스페이스워크'다.

하늘을 걷는 듯한 곡선형 철 구조물 위에 서면 발아래로는 바다가, 시선 너머로는 거대한 포스코 공장이 펼쳐진다. 총 길이 333m, 717개의 계단으로 이루어진 이 조형물은 포스코가 사회 환원의 취지로 기증한 것으로, 지금은 포항의 새로운 랜드마크가 되었다. 다만, 안전을 위해 날씨에 따라 입장이 제한되므로 사전 확인은 필수다.

공원 안쪽으로 이어지는 소나무 숲길은 자전거 코스로도 인기 있으며, 곳곳에 배치된 쉼터는 잠시 앉아 풍경을 즐기기에 제격이다. 새벽이면 영일만 위로 떠오르는 일출을 바라볼 수 있어, 이른 아침 산책을 계획해보는 것도 좋다.

지역 주민의 일상에 깊이 스며든 환호공원은 이제 여행자에게도 포항을 기억하게 만드는 풍경이 되고 있다. 스페이스워크를 중심으로 하루쯤 여유롭게 머물러볼 만한, 포항 여행의 필수 코스다.

포항을 대표하는 이색 명소 스페이스워크(Space Walk)는 단순한 조형물이 아닌, 직접 걸으며 체험할 수 있는 세계 최초의 걷는 롤러코스터형 구조물이다. 철강 도시 포항의 상징인 철로 만들어진 이 대형 설치미술은 예술과 산업, 그리고 자연 풍경이 어우러진 독창적인 공간으로, 도시 전체의 새로운 랜드마크로 자리매김했다.

스페이스워크는 환호공원 정상부에 자리하고 있으며, 총 길이 약 333m, 최고 높이 25m에 이른다. 마치 공중에 떠 있는 롤러코스터 트랙처럼 구불구불 이어진 구조는 보기만 해도 압도적인데, 실제로 그 위를 걸을 수 있다는 점에서 더욱 특별하다. 루프 구간과 급경사 구간은 안전상의 이유로 진입이 제한되어 있지만, 걸을 수 있는 구간만으로도 시야가 탁 트이는 멋진 체험이 가능하다.

독일 아티스트 듀오 하이케 무터 & 울리히 겐츠가 설계한 이 작품은 '걷는 조각(Walking Sculpture)'이라는 콘셉트로 세계적인 주목을 받았다. 도시와 바다, 예술과 삶을 연결하는 이 상징적인 구조물은 단순한 볼거리 이상의 깊은 인상을 남긴다. 특히 일몰 시간에 방문하면 더욱 특별하다. 붉게 물드는 동해의 바다와 포항 시내의 풍경이 철 구조물과 어우러지며, 마치 영화 속 한 장면 같은 풍경이 펼쳐진다. 밤이 되면 구조물 곳곳에 설치된 조명이 은은하게 빛나며 환상적인 야경을 연출해, 포항의 밤을 가장 아름답게 즐길 수 있는 장소로도 손꼽힌다.

포항에 머문다면, 스페이스워크는 그저 걷는 것을 넘어 '기억에 남는 경험'을 선사하는 공간이다. 발아래 펼쳐지는 바다와 도시의 경계를 넘어, 철길 위를 걷는 색다른 감동을 꼭 한 번 느껴보길 바란다.

어디로 갈까? 도심편
영일대

영일대 누각

포항의 바다 위 전통 누각, 동해안에서 유일한 해상 누각

영일대 누각은 포항 영일대해수욕장 해변 끝자락, 바다 위에 세워진 동해안 최초의 해상 누각이다. 전통 한옥 양식으로 지어진 이 누각은 2013년에 개장했으며, 포항 시민들의 휴식처이자 관광객들의 포토 스폿으로 사랑받고 있다.

해변에서 길게 뻗은 목재 데크를 따라 걷다 보면, 바다 위에 떠 있는 듯한 누각이 모습을 드러낸다. 누각에 오르면 동쪽으론 탁 트인 동해가, 서쪽으론 포항 도심과 포스코 제철소가 한눈에 펼쳐진다. 일출 명소로도 유명해, 붉은 해가 수평선 위로 떠오르는 장면을 누각 위에서 감상할 수 있다.

밤이 되면 누각과 주변 데크에 조명이 켜져 낭만적인 분위기를 연출한다. 바다 위에 은은하게 반사되는 불빛은 낮과는 또 다른 풍경을 만들어내며, 많은 사람들이 밤 산책 코스로 이곳을 찾는다.

'영일대'라는 이름은 조선시대 영일현(지금의 포항시 북구 일대)의 지명에서 따온 것으로, 포항의 역사성과 전통미를 함께 느낄 수 있는 상징적인 장소이기도 하다.

포항5경_ 포스코야경

　포항을 대표하는 여름 명소인 영일대해수욕장은 백사장 길이
1,750m, 너비 40~70m에 이르는 동해안 최대 규모의 해변이다. 전체
면적은 약 38만㎡로, 고운 모래와 완만한 경사 덕분에 특히 가족 단위
피서지로 인기가 많다.

　해변 너머로는 포스코 산업단지와 푸른 영일만이 어우러져 독특한
풍경을 만들어낸다. 도심과 가까워 접근성이 좋고, 샤워장, 탈의실, 주
차장 등 편의시설도 잘 갖춰져 있어 여름철이면 많은 피서객이 찾는다.
　이곳은 인근의 송도해수욕장과 함께 포항의 대표적인 여름 휴양지로
꼽히며, 해변을 따라 산책하거나 일출을 감상하기에도 좋은 장소다.
　특히 밤이 되면 포스코 포항제철소의 야경이 눈길을 끈다. 거대한
구조물에서 뿜어져 나오는 조명이 바다에 반사되어 인상적인 장면을
연출하는데, 이는 '포항 12경' 중 하나로도 선정되어 있다. 영일대해
수욕장에서 바라보는 이 야경은 많은 사람들이 밤 산책을 즐기기 위해
찾는 이유 중 하나다.

포항5경_ 포스코야경

2016년부터 포스코는 포항시와 함께 제철소 주변의 경관 조명을 새롭게 정비해왔다. 현재는 약 6km에 이르는 구간에 LED 조명 3만 개가 설치되어 있으며, 60km에 달하는 광케이블을 통해 정교하게 제어된다. 이 덕분에 해도동에서 환여동까지 이어지는 약 18km의 수변로 어디에서든 포스코의 아름다운 야경을 감상할 수 있다.

일몰 후 매시 정각에는 '포항제철소 LED 라이트 쇼'가 열린다. 약 20분간 다양한 테마의 조명과 음악이 함께 어우러지며, 야경을 더욱 다채롭고 감각적으로 연출한다. 제철소의 웅장한 구조물에 조명이 비치면, 마치 공연장 같은 느낌을 자아낸다.

2022년 태풍 힌남노의 영향으로 조명 운영이 중단되었으나, 2024년 3월 21일부터 다시 점등을 시작하며 시민들과 관광객들에게 반가운 소식을 전했다. 이와 함께 시민 메시지를 실시간으로 보여주는 '소통보드' 전광판도 다시 운영을 시작해 지역 사회와의 소통에도 힘을 보태고 있다.

죽도시장

포항 죽도시장 동해안 최대 규모의 전통시장

경상북도 포항시 북구 죽도동에 위치한 죽도시장은 동해안 최대 규모의 전통시장으로, 포항을 대표하는 상징적인 장소 중 하나이다. 1940년대 자생적으로 형성된 이 시장은 1969년 정식 시장으로 등록된 이후, 약 1,500여 개의 점포가 운영되며 지역 경제와 관광의 중심 역할을 하고 있다. 현재 하루 유동인구는 수만 명에 달할 정도로 활기찬 장소다.

죽도시장의 가장 큰 매력은 바로 신선한 수산물이다. 동해에서 갓 잡아올린 생선과 해산물이 시장에 즉시 유통되어 진열되며, 활어 판매장에서는 다양한 생선과 해산물을 직접 보고 구입할 수 있다. 광어, 우럭, 도다리, 대게, 멍게, 전복 등 신선도가 높은 재료들이 가득하다.

특히 겨울철에는 포항의 별미인 과메기를 찾는 관광객들로 북적인다. 활어횟집에서는 손질된 해산물을 즉석에서 회로 즐길 수 있으며, 가격이 저렴하고 푸짐한 식사로 많은 이들의 만족을 이끌어낸다.

죽도시장은 단순한 수산물 시장에 그치지 않고 다양한 전통 먹거리와 생활용품을 아우르는 종합시장이기도 하다. 시장 곳곳에는 칼국수, 수제비, 떡볶이, 김밥, 고로케, 호떡 등 시장 특유의 간식거리가 즐비하다. 특히 칼국수 골목은 저렴한 가격과 푸짐한 양, 깊은 국물 맛으로 유명하며 많은 단골을 보유하고 있다. 또한 과일, 채소, 곡물, 육류, 의류, 가전제품, 이불, 한복 등 다양한 품목을 판매하는 구역들이 체계적으로 구분되어 있어 쇼핑하기에도 편리하다.

죽도시장은 주차 공간도 충분히 마련되어 있어 차량으로 방문하기 수월하다. 인근에는 죽도어시장 공영주차장, 죽도시장 공영주차장 등이 있어 편리하다. 또한 영일대해수욕장, 호미곶 등 포항의 주요 관광지와도 가까워, 시장과 관광을 함께 즐기기 좋은 장소로 손꼽힌다. 죽도시장은 장보기를 넘어 포항의 지역 정서와 문화를 느낄 수 있는 공간

이다. 전통의 온기와 사람들의 활기를 느낄 수 있는 이곳은 지역 주민은 물론, 외지에서 방문하는 관광객들에게도 매력적인 장소로, 매년 수많은 사람들이 찾는 명소로 자리잡고 있다. 신선한 해산물과 정감 있는 상인들, 푸짐한 먹거리와 볼거리로 가득한 포항 죽도시장은 '포항 여행의 시작점' 이라 불릴 만큼 매력적인 전통시장이다.

죽도시장_ 어시장

어디로 갈까? 도심편

포항운하관

포항6경_ 포항운하

포항 여행 중 조금 색다른 여정을 원한다면, 포항 운하관에서의 낮과 밤을 모두 경험해 보는 것을 추천한다. 과거와 현재가 맞닿아 있는 이곳은 산업도시 포항의 역사와 삶, 그리고 도시 재생의 이야기를 고스란히 담고 있는 특별한 공간이다.

낮의 운하관 시간을 거슬러 오르는 길

포항 운하관은 포항운하의 시작점이자 과거 철길과 운하를 통해 사람과 물자가 오가던 산업유산의 흔적을 품고 있다. 낮에 방문하면 운하관 실내 전시관에서 포항의 옛 모습과 산업화 과정을 생생한 모형과 영상을 통해 체험할 수 있다.

특히, 운하 유람선을 타고 형산강을 따라 천천히 흐르다 보면, 과거 철강 도시의 풍경과 자연이 어우러진 독특한 풍광이 펼쳐진다. 바람을 맞으며 물 위를 미끄러지듯 나아가는 이 경험은 여유롭고 차분한 분위기 속에서 도시의 또 다른 얼굴을 만나게 해준다.

밤의 운하관 빛으로 물든 낭만

밤이 되면 운하관은 전혀 다른 매력을 드러낸다. 해가 지고 조명이 하나둘 켜지면, 물길을 따라 이어지는 산책로와 다리, 나무, 건물들이 은은한 빛으로 물든다.

특히 운하 다리 위를 걷는 야간 산책은 낮과는 또 다른 낭만을 선사한다. 잔잔한 물소리와 함께 도시의 불빛이 반사된 운하 수면은 포항의 밤을 더욱 고요하고 감성적으로 만든다. 연인이나 가족, 혹은 혼자라도 충분히 즐길 수 있는 이 야경은 도심 속에서 만나는 작은 힐링의 순간이다.

포항 운하관은 단순한 전시관을 넘어, 걷고, 보고, 느낄 수 있는 살아 있는 공간이다. 낮에는 도시의 역사를 따라 걷고, 밤에는 불빛 속에서 포항의 낭만을 느낄 수 있는 이곳은 여행자에게 '시간을 걷는' 특별한 경험을 선물한다.

하루 중 어느 시간에 찾아도 각기 다른 풍경이 기다리고 있는 이 운하의 길에서, 당신만의 포항 이야기를 시작해보는 건 어떨까?

포항운하는 죽도시장과 인근이라 도보여행이 가능해서 식사는 죽도시장에서 드시길 추천한다.

어디로 갈까? 도심편
포항철길숲

도심 속을 가로지르는 푸른 산책길

포항철길숲은 과거 산업철도였던 동해남부선 폐선 부지를 활용해 만든 도시숲으로, 포항 남구 효자동에서 북구 우현동까지 약 9.3km에 걸쳐 조성되어 있다. 한때 포항제철소와 연결되던 철로였던 이 길은 100년 가까이 산업의 동맥 역할을 했고, 지금은 녹지와 예술, 쉼이 어우러진 시민들의 산책길로 탈바꿈했다.

'포레일(Forail)' 이라는 애칭은 숲(Forest)과 철도(Rail)의 합성어로 과거와 현재, 자연과 도시가 조화를 이루는 이 공간의 성격을 잘 보여준다. 숲에는 106종의 수목과 21만 그루가 넘는 나무와 꽃들이 사계절 내내 다양한 풍경을 선사하며, 길 곳곳에는 벤치와 산책로, 자전거 길이 잘 정비되어 있다.

길을 걷다 보면 옛 무궁화호 열차 한 량이 보존되어 있고, 철길 위에는 지역 예술가들의 사진 작품을 전시하는 갤러리도 마련되어 있다. 특히 '불의 정원'은 조성 과정 중 발견된 천연가스 분출지로, 실제로 오랜 기간 불꽃이 타올랐던 특별한 장소다.

편의시설도 잘 갖추어져 있어 산책, 자전거 타기, 가족 나들이 등 다양한 용도로 활용하기 좋다. 도심 한복판을 가로지르면서도 여유롭고 조용한 분위기를 느낄 수 있어, 여행 중 짧은 휴식을 취하기에 적합한 장소다.

포항철길숲은 단순한 산책로를 넘어, 도시재생의 한 예이자 지역의 역사와 자연이 공존하는 공간으로 자리매김하고 있다.

무엇을 먹을까? 환호공원 | 영일대 주변 맛집 추천

마라도 횟집

오색가득 담겨진 해산물, 포항을 대표하는 물회집

INFORMATION

⌂ **상호** : 마라도 횟집   ◎ **주소** : 포항시 북구 해안로 217-1

🕐 **영업시간** : 10:30~21:00, 20:00 라스트오더
　　　　　　　　15:30~17:00 브레이크타임

📞 054-251-3850

▢ **대표메뉴** : 최강달인물회 26,000원, 포항물회 18,000원

최강달인물회

포항에 가면 꼭 들러봐야 할 맛집이 있다. 영일대해수욕장 근처에 위치한 마라도 횟집은 30년 넘는 전통을 자랑하며, 현지인뿐 아니라 관광객들에게도 꾸준히 사랑받고 있는 곳이다.
이곳의 대표 메뉴는 단연 '달인 물회' 다.

SBS 〈생활의 달인〉에도 소개된 이 메뉴는 신선한 해산물은 물론 전복, 해삼 등 고급 재료가 아낌없이 들어가 깊고 풍부한 맛을 자랑한다. 얼음을 동동 띄운 고추장 양념 육수는 시원하면서도 감칠맛이 뛰어나, 한입 먹는 순간 여름 더위가 싹 가시는 기분이다. 단순한 물회가 아닌, 제대로 만든 한 끼로 기억에 남는 특별한 맛이다.

달인 물회 외에도 계절에 따라 다양한 회와 과메기, 대게 요리 등을 즐길 수 있어 선택의 폭도 넓다. 3층 규모의 식당은 깔끔하고 쾌적하며, 좌식과 입식 공간이 모두 마련돼 있어 편안한 식사가 가능하다. 맞은편에 넉넉한 공영주차장이 있어 접근성도 좋고, 식사 후에는 바로 근처 영일대 해변을 걸으며 여운을 즐기기에도 제격이다.

포항 바다의 진짜 맛을 제대로 느껴보고 싶다면, 마라도 횟집의 달인 물회는 그 시작으로 손색이 없다. 한 번 맛보면 누구나 고개를 끄덕이게 되는, 그런 특별한 한 그릇이다.

무엇을 먹을까? 환호공원 | 영일대 **주변 맛집 추천**

환여횟집

타지인들이 먹기 좋게 개발된 슬러시 포항 물회

INFORMATION

⌂ **상호** : 환여횟집   ◎ **주소** : 포항시 북구 해안로 189-1

🕐 **영업시간** : 10:30~20:30, 19:20 라스트오더

           15:00~16:00 브레이크타임

📞 054-251-8847

▢ **대표메뉴** : 물회 18,000원, 도다리물회 24,000원

물회

환여횟집의 물회는 포항에서 꼭 경험해야 할 별미이다. 신선한 회를
시원한 육수에 담아 즐길 수 있는 이 메뉴는 여름철에 특히 인기를 끌
지만, 계절에 관계없이 그 깊고 진한 맛은 언제 먹어도 만족스럽다.

무엇을 먹을까? 환호공원 | 영일대 주변 맛집 추천

이곳의 물회는 해산물 본연의 신선함을 그대로 살려 담백한 육수와 신선한 채소가 조화를 이룬다. 한 입 먹을 때마다 바다의 맛이 입 안 가득 퍼지며, 과하지 않으면서도 풍성한 맛을 제공한다.

따뜻한 회와 차가운 육수의 완벽한 조화가 돋보이는 환여횟집의 물회는 포항을 방문한 이들에게 특별한 미식 경험을 선사한다.

포항의 전통물회는 슬러시가 아닌 형태이나 타지인들이 먹기 좋게 개발된 환여횟집의 과일슬러시 육수는 물회라는 음식을 처음접하는 관광객들에게 먹기 편하도록 만든 배려라 할 수 있다.

이곳은 여남 설머리물회거리에 초입부분에 위치하여 많은 관광객들이 영일대해수욕장과 함께 이동하기가 편한 위치며 서울까지 알려질 정도로 마라도횟집과 함께 포항물회를 대표하는 물회집으로 널리 알려져있다.

포항 물회,
이렇게 먹으면 더 맛있어요!

**1. 밥은 따로,
국물은 천천히**

포항식 물회는 일반적으로 얼음이 동동 떠 있는 고추장
베이스 육수에 신선한 회와 채소가 가득 들어갑니다.

처음에는 국물과 회만 먼저 맛보세요.
입맛을 깨우는 시원하고 새콤한 맛을 먼저 느낀 후, 밥은 천천
히 말아 넣는 것이 포인트입니다. 밥부터 섞어버리면 국물 맛
이 밍밍해질 수 있어요.

**2. 비비기 전,
육수 맛보기**

가게마다 육수 맛이 조금씩 다르기 때문에,
비비기 전에 꼭 한 숟갈 떠서 육수만 먼저 맛보세요.

더 새콤하거나 단맛을 원한다면, 초장이나 식초, 겨자를 살짝
추가해 조절할 수 있습니다. 대부분 식당에서는 따로 준비해
두니 요청하시면 돼요.

**3. 회는 씹기보단
혀로 즐기기**

포항 물회는 광어, 우럭, 돔 등 신선한 활어회가 얇게 썰
어져 나옵니다.

씹기보단 혀로 부드럽게 넘기듯 먹는 게 제맛!
특히, 전복이나 해삼 같은 고급 해산물이 함께 나오는 경우엔
각각의 식감을 천천히 느껴보세요.

**4. 야채와 곁들여
한입에**

채썬 오이, 배, 미역, 김가루 등은 단순한 고명이 아닙니다.

회와 함께 야채를 곁들여 한입에 넣으면, 씹는 맛과 시원한 풍
미가 훨씬 살아나요.

**5. 마무리는 국물
까지 시원하게**

밥까지 다 먹고 나면, 남은 국물은 그냥 두지 마세요.

얼음을 동동 띄운 시원한 육수를 그대로 후루룩 마시면 여름
더위도 사라집니다. 날이 더울 땐 진짜 최고의 마무리죠.

무엇을 먹을까? 　죽도시장　 **주변 맛집 추천**

장기식당

70년 전통을 자랑하는 소머리곰탕 맛집

INFORMATION

⌂ **상호** : 장기식당　　◉ **주소** : 포항시 북구 죽도시장 3길 9-10

◴ **영업시간** : 08:00~19:30 (14:00~16:00분 브레이크타임)

　　　　　　　19:00 라스트오더

☏ 054-247-0764

▢ **대표메뉴** : 소머리곰탕 15,000원, 한우수육(소) 45,000원

장기식당, 70년 전통의 소머리곰탕 맛집

포항 죽도시장의 '장기식당'은 1952년 개업 이후 3대째 이어져 오며 70년 이상의 전통을 자랑하는 소머리곰탕 전문점이다. 수요미식회, 놀라운 토요일 등 다양한 방송 프로그램에 소개되었으며, 블루리본 서베이와 중소벤처기업부의 '백년가게'로 선정되며 포항을 대표하는 맛집으로 자리잡았다.

소머리곰탕

(무엇을 먹을까?) (죽도시장) **주변 맛집 추천**

소머리곰탕 장기식당의 소머리곰탕은 한우 소머리를 오랜 시간 동안 푹 고아낸 진한 육수에 두툼하고 부드러운 고기가 가득 들어간 곰탕이다. 잡내 없이 깔끔하면서도 깊은 맛이 일품이다.

수육 부드럽고 야들야들한 소머리 수육은 고기의 풍미와 식감이 뛰어나며, 수육을 주문하면 곰탕 국물이 서비스로 제공되어 함께 즐길 수 있다.

주차 및 대중교통 장기식당 인근에는 공영주차장이 있지만, 주차 공간이 다소 협소하므로 대중교통을 이용하는 것이 더 편리하다. 전통 있는 소머리곰탕과 수육을 맛볼 수 있는 장기식당은 포항 여행의 또 다른 매력을 더해주는 장소로, 죽도시장에서 지역 특색을 느끼며 따뜻한 국밥 한 그릇을 즐기기에 완벽한 곳이다.

한우수육

부드럽게 삶아낸 한우 수육은 부추와 함께 제공되며, 곰탕 국물에 찍어 먹으면 그 맛이 일품이다. 밑반찬으로 제공되는 깍두기, 고추, 마늘, 양파, 쌈장 등은 곰탕과 함께 곁들여 먹기에 완벽하다.

평남식당은 죽도시장 내 곰탕 골목에 위치해 있으며, 외부에서 끓여지는 곰탕의 모습이 인상적이다. 시장 내 공영주차장을 이용할 수 있지만, 주말이나 점심시간에는 혼잡할 수 있으므로 대중교통 이용을 권장한다. 또한, 온누리상품권 가맹점으로 지류형, 모바일형, 카드형 온누리상품권을 사용할 수 있어 전통시장을 방문하는 이들에게 더욱 편리한 장소다.

무엇을 먹을까?　죽도시장　주변 맛집 추천

더 신촌 덮죽

한 그릇에 담긴 깊은 풍미, 덮죽

INFORMATION

⌂ **상호** : 더 신촌 덮죽　　**주소** : 포항시 북구 중앙로 294번길 10-7 1층

⏱ **영업시간** : 11:00~15:00　※월요일(정기휴무)

　　　　　　※매달 셋째주 토,일요일 휴무

📞 054-243-3264

🔖 **대표메뉴** : 소문덮죽 9,000원 / 시소덮죽 9,000원

포항에서 요즘 핫하게 떠오르고 있는 맛집, 바로 더 신촌 덮죽이다.

'덮죽'이라는 말이 생소할 수 있지만, 덮밥과 죽의 장점을 모두 살린 신개념 한 끼로, 부드러운 죽 위에 풍성한 토핑이 듬뿍 올라가 있어 맛과 식감 모두 잡은 메뉴다.

덮죽

이 집의 대표 메뉴는 해산물 덮죽! 신선한 오징어, 새우, 홍합이 듬뿍 들어가 바다 향이 그대로 느껴지고, 은은한 불향과 특제 양념이 어우러져 중독성 있는 맛을 자랑한다. 한 숟갈 떠먹는 순간 부드럽게 퍼지는 죽과 고소한 해산물의 조화에 감탄하게 된다.

가게 내부는 깔끔하고 아늑해서 혼밥하기에도, 친구나 가족과 방문하기에도 좋다. 포항 중앙상가 근처에 있어 접근성도 굿!

반숙 계란 토핑 추가는 필수!

방문 팁
예약은 필수

무엇을 먹을까? 죽도시장 **주변 맛집 추천**

대화 식당

맛있는 보리밥 정식과 푸짐한 반찬의 조화

INFORMATION

⌂ **상호** : 대화식당　　◎ **주소** : 포항시 북구 죽도시장11길 6-5

◷ **영업시간** : 06:00~16:00　※월요일(정기휴무)

✆ 054-241-5955

◻ **대표메뉴** : 보리밥정식 : 8,000원

보리밥정식

죽도시장 골목을 따라 걷다 보면, 아침부터 사람들로 북적이는 작은 식당이 눈에 들어온다. 오래된 간판 아래 정겨운 분위기를 풍기는 이 곳은 지역민들에게 오랫동안 사랑받아온 대화식당이다.

이른 새벽 6시에 문을 여는 대화식당은 시장 상인들과 단골 손님들

(무엇을 먹을까?) (죽도시장) **주변 맛집 추천** ————————

로 하루를 시작한다. 대표 메뉴는 보리밥 정식으로, 고소한 보리밥에 갖가지 나물과 구수한 된장찌개, 잘 구운 생선이 함께 차려져 한 상 가 득 정성이 담긴 한 끼를 맛볼 수 있다. 음식은 단출하지만 정갈하고 깊 은 맛이 있어 누구나 편하게 즐길 수 있다.

별관에 마련된 셀프바에서는 밥과 반찬을 자유롭게 추가할 수 있어 만족도가 높고, 혼잡한 점심시간을 피하고 싶다면 오전이나 오후 1시 이후가 적당하다. 계산은 선불제로 운영되며, 간단한 김밥도 인기 메 뉴 중 하나다.

한 끼 식사지만 묵직한 여운을 남기는 곳, 대화식당은 포항의 일상 과 정서를 가장 맛있게 경험할 수 있는 식당이다. 죽도시장에 들른다 면 꼭 한 번 들러볼 만하다.

무엇을 먹을까? 시외버스터미널 **주변 맛집 추천**

조방 국밥

속이 풀리고 마음까지 따뜻해지는 진짜 국밥 한 그릇

INFORMATION

⌂ **상호** : 조방국밥   ◎ **주소** : 포항시 남구 중섬로 66

🕐 **영업시간** : 07:00~15:00   ※월요일(정기휴무)

📞 054-282-5536

🔖 **대표메뉴** : 조방국밥 9,000원, 돼지국밥 7,500원
　　　　　　　섞어국밥 7,500원, 내장국밥 7,500원

무엇을 먹을까? 시외버스터미널 **주변 맛집 추천**

조방국밥

포항의 속 깊은 한 그릇, 조방국밥

얼큰하고 진한 국물에 푸짐한 고기, 그리고 따뜻한 정이 담긴 한 그릇. 포항 현지인들도 자주 찾는 국밥 맛집이다.

진하게 우려낸 깊은 육수

오랜 시간 정성 들여 끓인 국물은 첫 순갈부터 깊은 맛이 느껴진다.

구수하면서도 텁텁하지 않은 육수는 입안을 감싸며 속을 든든하게 채워준다.

푸짐한 고기, 잡내 없는 깔끔함

고명으로 올라간 수육은 넉넉하고도 부드럽다.

돼지고기의 고소한 풍미는 살리되, 느끼함은 억제해 누구나 부담 없이 즐길 수 있다.

밑반찬까지 정성 가득

함께 나오는 깍두기와 김치 역시 직접 담근 듯한 깔끔한 맛이 일품이다. 자극적이지 않으면서도 국밥과 찰떡궁합을 자랑한다.

친근하고 따뜻한 분위기

조방국밥은 혼자 방문해도 어색하지 않은 편안한 공간이다.

넉넉한 인심과 직원들의 친절한 응대는 맛 이상의 만족을 준다.

무엇을 먹을까?   고속버스터미널   **주변 맛집 추천**

황해도 순대

24시간 영업하는 순대맛집, 황해도정식을 추천

INFORMATION

🏠 **상호** : 황해도순대   📍 **주소** : 포항시 북구 양학천로 197

🕐 **영업시간** : 24시영업 오후 3~5시 브레이크타임

📞 054-272-6446

🔖 **대표메뉴** : 황해도정식 13,000원, 순대국밥 9,000원
　　　　　　　맛보기순대 9,000원, 소고기국밥 10,000원

순대국밥

　포항 고속버스터미널 맞은편에 있는 '황해도순대' 는 포항 지역 주민들이 자주 찾는 순대국밥 전문점이다. 24시간 영업하며 연중무휴로 운영되어 언제든 따뜻한 한 끼를 먹기에 좋다.

　이 집의 대표 메뉴는 '황해도정식' 이다. 순대국밥에 맛보기 순대와 수육이 함께 나와 다양한 맛을 한 번에 즐길 수 있다. 순대는 찹쌀이

111

들어가 쫄깃하고 속이 꽉 차 있으며, 수육은 부드럽고 잡내 없이 깔끔하다. 국물은 들깨가루와 다대기가 들어가 구수하면서도 칼칼한 맛이 특징이다. 양념은 취향에 맞게 조절할 수 있어 누구나 부담 없이 즐길수 있다. 밑반찬으로는 깍두기, 양파, 고추, 마늘쫑 등이 함께 나오며, 국밥과 잘 어울린다.

가게는 좌식 테이블 구조로 되어 있어 신발을 벗고 들어가야 한다. 내부는 깔끔하고 편안한 분위기다. 가게 앞에는 차량 3~4대 정도가 주차할 수 있는 공간이 있어 자가용을 이용해도 불편하지 않다.

포항에서 든든한 식사를 원할 때 황해도순대는 좋은 선택이 될 수있다. 여행 중 잠시 들러 순댓국 한 그릇으로 속을 채우기에 안성맞춤이다. 지역 주민들의 일상적인 맛을 경험하고 싶다면 꼭 한 번 들러볼만한 곳이다.

포항, 여행이 되는 순간_어디로 갈까?

남구편

호미곶, 호미곶 해안반도, 구룡포 일본인가옥거리
장기읍성, 연오랑세오녀 테마공원, 오어사_운제산 사계
Park 1538 포스코역사박물관

무엇을 먹을까?

새포항식당, 연일옻닭, 연일개미집, 조림명가
까꾸네 모리국수, 임곡 춘천닭갈비

호미곶

포항1경_호미곶일출

매일 아침 떠오르는 희망을 마주하는 1경 호미곶 일출

호미곶, 또는 동외곶(冬外串), 장기곶(長鬐串)이라고도 불리는 이 곳은 역사와 자연이 어우러지는 명소다. 원래는 말갈기 모양을 닮아 장기곶이라 불렸으며, 일제강점기인 1918년 이후에는 장기갑(長鬐岬)으로 불리다 1995년 장기곶으로 변경되었고, 2001년에는 '호랑이 꼬리'라는 의미를 담아 호미곶(虎尾串)으로 다시 이름이 바뀌었다.

호미곶의 명성은 오래전부터 전해진다. 조선의 풍수지리학자 남사고는《동해산수비록》에서 한반도가 호랑이가 앞발로 연해주를 할퀴는 형상이라 묘사하면서 이 지역을 '천하의 명당'이라 평가했다. 또한, 육당 최남선은 호미곶을 일출이 가장 아름다운 장소로 꼽으며, 이를 조선 10경의 하나로 언급했다.

고산자 김정호는 대동여지도를 만들 때, 호미곶이 한국의 가장 동쪽 끝임을 여러 번 답사하며 확인했다고 한다. 이곳은 해안 대부분이 암석해안으로 해식애가 발달되어 있으며, 내륙에는 200m 높이의 산지가 펼쳐져 있다. 대보리에는 어촌과 농경지가 발달해 있으며, 국립등대 박물관도 있다. 해안에서 2km 정도의 거리에 수심 약 40m 정도의 깊이를 자랑한다.

호미곶 해맞이 광장은 새천년 한민족 해맞이 축전이 개최된 장소로, 넓은 부지에 기념조형물과 성화대, 불씨함, 연오랑세오녀상, 공연장 등이 건립되어 있다. 매년 4월과 5월에는 유채꽃 단지가 만개하여 아름다운 풍경을 선사한다. 광장에 있는 '상생의 손'은 청동으로 제작되어 바다와 육지 각각에 설치되어 서로를 마주 보고 있는 형상으로 상생과 화합을 상징한다.

'상생의 손'은 1999년 새 천년을 맞아 희망찬 미래에 대한 비전을 제시하는 의미로 완공되었다. 왼손은 육지에, 오른손은 바다에 위치하며, 서로를 도우며 살아가자는 뜻을 담고 있다. 이 조형물은 호미곶에서 열린 한민족 해맞이 축전을 기념하는 상징적인 존재로, 모든 국민이 서로 돕고 함께 나아가자는 메시지를 전달한다.

새천년기념관

호미곶에 위치한 새천년기념관은 새천년을 맞이해 국가 지정 일출 행사를 기념하고, 민족화합과 통일 조국의 번영을 기원하는 의미로 개관했다. 이곳은 포항이 환동해 중심 도시로서의 발전과 역사를 한눈에 볼 수 있는 공간이다.

1층 전시관은 포항의 변천사를 고대부터 현재까지 다양한 영상과 사진, 모형 디오라마를 통해 보여준다. 이 전시를 통해 포항의 성장과 역사적 순간을 시각적으로 경험할 수 있다.

　2층에 있는 포항 바다화석 박물관은 수만 년 전 바다에서 살았던 생물들의 화석 2,000여 점을 전시한다. 관람객은 현생대와 과거 시대의 생물들을 비교하며 신비로운 수중 세계를 디오라마로 체험할 수 있다. 박물관은 733㎡ 규모로, 뮤지엄숍에서는 다양한 기념품도 판매한다.

　3층에는 한국 수석 포항 박물관이 자리하고 있다. 이곳은 자연이 빚어낸 예술품인 수석을 전시하며, 전국 한국 수석회 회원들에게 기증받은 다양한 형태의 수석들을 감상할 수 있다. 수석뿐만 아니라 관련 석보나 기념품도 함께 전시돼 있어 수석의 매력을 깊이 느낄 수 있다.

　새천년기념관은 포항의 과거와 현재, 자연과 문화를 아우르는 공간으로, 방문객들에게 특별한 경험을 선사한다.

120

전국 최대의 가마솥

호미곶 한민족 해맞이 축전 행사에서는 새해 아침 떡국을 대접하기 위해, 우리나라에서 가장 큰 가마솥이 사용된다. 이 가마솥은 지름 3.3m, 깊이 1.2m, 둘레 10.3m의 크기로, 특별히 떡국을 끓이기 위해 제작되었다.

이 대형 솥에서 떡국을 끓이는 데 사용되는 연료는 약 8톤의 장작으로, 관광객들이 직접 체험해볼 수 있는 기회도 제공된다. 호미곶의 새해 아침을 맞이하며, 이 거대한 솥에서 끓여낸 떡국은 특별한 경험과 함께 새해의 시작을 더욱 뜻깊게 만들어준다.

새천년기념관 전망대에서 본 상생의 손

연오랑세오녀상

『삼국유사』에 따르면, 신라 제8대 아달라왕 즉위 4년 정유에 동해가에 연오랑과 세오녀라는 부부가 살았다고 전해진다. 이들은 우리 지역의 해와 달 설화의 주인공으로, 금슬 좋은 부부상으로 유명하다. 해와 달의 이야기를 담고 있는 연오랑과 세오녀의 사랑은 오늘날까지도 전해지며, 그들의 이야기를 기리기 위해 해맞이 광장에 마주 보는 형상으로 조각상이 설치되어 있다. 이 조각상은 이 지역의 전통과 전설을 상징하며, 방문객들에게 특별한 의미를 전하고 있다.

등대박물관

등대박물관은 국내 유일의 등대 전문 박물관으로 관람객들이 직접 보고, 듣고, 만져보며 체험할 수 있는 공간으로 구성되어 있다. 이곳은 항로표지와 해양수산의 중요성을 일깨우고, 해양 안전에 기여하는 등대의 역사적 및 문화적 가치를 널리 알리는 중요한 역할을 한다. 또한, 꿈을 키워주는 문화공간으로서 해양사상과 그 중요성에 대해 국민들에게 교육적인 가치를 전달하고 있다. 박물관은 동해안의 푸른 바다와 일출 광경을 한눈에 바라볼 수 있는 위치에 자리하고 있으며, 1908년 12월 20일에 점등된 호미곶 등대는 경상북도 지방문화재 제39호로 지정된 귀중한 문화유산으로 그 역사적 가치가 높다.

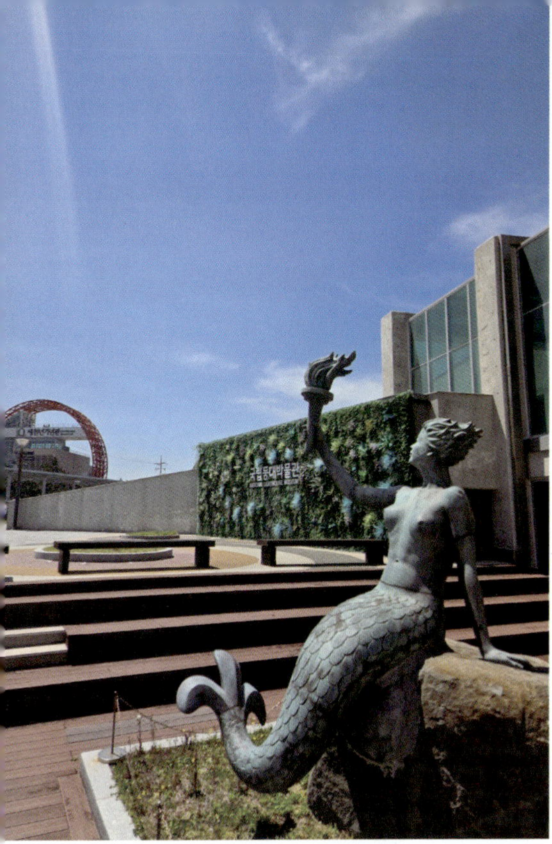
국립등대박물관

국립등대박물관
관람료 무료
개관시간-9:00-18:00
전 시
체 험
힐 링
국립등대박물관
국내유일의 등대박물관
정문 100m
관람료 무료

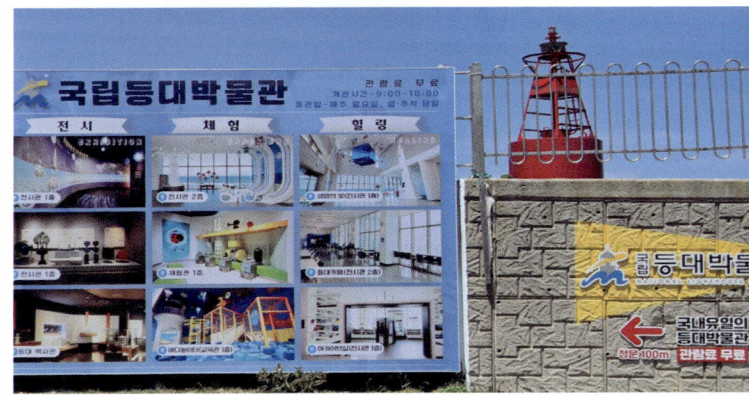

호미곶등대

호미곶등대는 1901년 일본 선박이 대보리 앞바다의 암초에 부딪혀 침몰한 사고를 계기로 세워졌다. 이 등대는 프랑스인이 설계하고 중국인 기술자가 시공을 맡아 1908년 12월에 준공되었다. 높이는 26.4m에 달하며, 팔각형 형태로 서구식 건축 양식을 보여준다. 등대는 기초에서부터 중간부분까지 곡선을 그리며 점차 좁아지는 형태를 띠고 있으며, 철근을 사용하지 않고 벽돌로만 쌓은 것이 특징이다.

등대 내부는 6층으로 이루어져 있으며, 각 층의 천장에는 대한제국 황실의 상징인 오얏꽃 모양의 문양이 조각되어 있다. 이 등대는 역사적으로 중요한 역할을 해왔으며, 그 건축적 가치와 아름다움으로 많은 이들의 관심을 끌고 있다.

3~4월 유채꽃이 활짝 핀 호미곶

4~5월 청보리가 활짝 팬 호미곶

어디로 갈까? 남구편
호미곶 호미반도

포항4경_호미반도 해안둘레길

호미반도 해안둘레길

동해의 푸른 수평선을 따라 천천히 걷다 보면, 어느새 마음속 깊은 곳까지 맑아지는 길이 있다. 포항의 동쪽 끝, 바다와 가장 가까운 길. 바로 호미반도 해안둘레길이다. 이 길은 단순한 산책로가 아니다. 오래전 어부들의 삶과 자연의 시간, 그리고 지금을 살아가는 사람들의 이야기가 겹겹이 쌓인 곳이다.

호미반도 해안둘레길은 포항시 남구 동해면을 따라 펼쳐진 해안 길로, 바다와 맞닿은 길 위로 푸른 물결이 반짝이고, 기암괴석이 만들어 낸 해안 절경이 이어진다. 코스는 총 6개 구간으로 나뉘어 있어 각자의 일정과 체력에 맞춰 선택할 수 있다. 가장 유명한 구간은 '연오랑세오녀 테마길'과 '호미곶 해맞이길'이다. 특히 호미곶 구간에서는 새해 첫 해를 보기 위해 수많은 이들이 찾는다. 하지만 계절과 시간에 상관없이 이 길은 늘 제 매력을 품고 있다.

걷다 보면 해풍에 깎인 바위 절벽, 얇은 몽돌 해변, 드물게 남은 어촌 마을이 조화를 이루며 이어진다. 마치 바다가 들려주는 오래된 이야기를 따라가는 기분이다. 바다 내음은 짙고, 파도 소리는 그 자체로 음악 같다. 길가에는 해국, 해당화, 갯메꽃 등 야생화가 피어나 계절마다 다른 풍경을 그린다. 곳곳에 놓인 나무 데크길과 전망대는 누구나 편안하게 바다를 즐길 수 있도록 배려한 흔적이다.

이 길의 백미는 자연뿐만이 아니다. 연오랑세오녀 설화를 품은 전

설의 바위, 해맞이광장의 상징인 상생의 손, 드넓은 초원을 가로지르는 풍력발전기까지, 걷는 이의 눈과 마음을 쉬이 놓아주지 않는다. 걷다 보면 일상에서 놓치고 있던 작은 것들이 소중하게 느껴진다. 바람 한 점, 햇살 한 줄기, 이름 모를 들꽃 하나까지.

호미반도 해안둘레길은 그저 바다를 걷는 길이 아니라, 자신과 조용히 마주하는 길이다. 빠르게 흐르는 도시의 시간에서 벗어나, 천천히 걸으며 숨을 고르고, 다시 앞으로 나아갈 힘을 얻는 곳. 누구든 한 번은 이 길을 걸어봐야 한다. 길 위에서 마주하는 바다와 하늘, 그리고 자신만의 생각들. 그것이 이 길이 가진 진짜 매력이다.

구룡포 일본인 가옥거리

포항12경_구룡포 일본인 가옥거리

드라마 속 감성이 살아 있는 골목 구룡포

포항의 푸른 바다와 따스한 햇살을 배경으로 펼쳐졌던 인기 드라마 〈동백꽃 필 무렵〉은 2019년 방영 당시 큰 사랑을 받았고, 지금도 많은 사람들의 기억 속에 따뜻한 울림으로 남아 있다. 드라마 속 감성 가득한 장면들이 촬영된 장소들은 시간이 지나도 여전히 여행자들의 발걸음을 사로잡으며, 포항을 대표하는 명소로 자리 잡았다.

그 중심에는 포항시 남구에 위치한 구룡포가 있다. 극 중 '옹산'이라는 이름으로 등장한 이곳은 구룡포 근대문화역사거리와 구룡포항 일대를 무대로, 드라마 속 따뜻하고 정겨운 분위기를 고스란히 담아냈다. 좁고 오래된 골목에는 세월의 흔적이 묻어난 건물들이 늘어서 있고, 바다를 따라 이어지는 풍경은 드라마의 정서를 그대로 간직하고 있다.

'동백이'가 살던 집과 '옹산슈퍼' 등 주요 촬영지는 지금도 그대로 보존되어 있어, 방문객들은 마치 드라마 속 주인공이 된 듯한 기분으로 골목을 걷고 사진을 찍으며, 그때의 감동을 다시 떠올린다. 이 거리에는 단지 인기 드라마의 무대였다는 의미를 넘어, 시간과 기억이 켜켜이 쌓인 일상의 흔적들이 고스란히 남아 있어 더욱 특별하게 다가온다.

또한 구룡포는 근대 일본 가옥거리로도 잘 알려져 있다. 일제강점기 당시 일본인 어부들의 활동으로 형성된 이 지역은, 지금도 일본식 목조 가옥과 근대 건축물들이 남아 있어 이국적인 분위기를 느낄 수 있다. 거리를 따라 이어지는 박물관과 전통시장, 작은 상점들은 역사와 삶의 흔적을 고스란히 품은 채 여행자에게 색다른 시간을 선사한다.

구룡포에서의 하루는 단순한 관광이 아니라, 하나의 이야기 속으로 들어가는 경험이 된다. 드라마가 전했던 사랑과 상처, 사람 사이의 정을 다시금 느껴보고 싶다면, 이 따뜻한 감성과 낭만이 흐르는 바닷가 마을은 그에 가장 잘 어울리는 여행지가 되어줄 것이다.

경북 포항시 남구 구룡포읍 장안동 골목에 들어서면, 100여 년 전 일제강점기의 흔적이 고스란히 남아 있는 일본 가옥들이 눈에 들어온다. 이곳은 한때 일본인들이 집단으로 거주하던 곳으로, 좁고 정돈된 골목 사이로 일본 특유의 건축 양식이 지금도 고스란히 남아 있어 마치 시간이 멈춘 듯한 느낌을 준다. 붉은 기와지붕, 나무 격자 창문, 낮은 처마는 당시 일본식 주택의 전형적인 모습이다.

이 거리는 과거 일본 어민들이 포항 앞바다에서 조업하며 정착해 형성한 집단 거류지로, 일제강점기 동안 구룡포가 해산물 가공의 중심지로 성장하는 데 중요한 역할을 했다. 이로 인해 장안동 일대는 '작은 일본'이라 불릴 정도로 일본의 생활양식과 문화가 깊숙이 자리했던 곳이다.

장안동 골목은 영화나 드라마의 촬영지로도 주목받았다. 과거 인기 드라마였던 〈여명의 눈동자〉의 일본 거리 장면도 이곳에서 촬영되었을 만큼, 일본풍 거리의 분위기가 고스란히 살아 있다.

골목 뒤편의 언덕길을 따라 올라가면 일본인들이 조성했던 작은 공원이 나온다. 돌계단을 오르면 용왕당이라 불리는 해신을 모시는 제단이 자리하고 있는데, 이곳은 당시 일본 선원들이 무사 항해를 기원하며 제사를 지내던 장소다. 계단 양옆으로는 돌비석들이 줄지어 서 있다. 비석에는 영일군수, 교육감, 기업 관계자 등 당시 구룡포 지역에 영향을 끼쳤던 사람들의 이름이 새겨져 있다. 일부 비석에는 '단기 4276년(서기 1943년)'이라는 연대가 새겨져 있어 시대의 흔적을 더욱 생생하게 느낄 수 있다.

이 비석과 계단은 원래 일본인들에 의해 조성된 것이지만, 해방 후에는 시멘트를 발라 기록을 지우고 비석 방향을 거꾸로 돌려 구룡포 지역 유공자들의 이름을 새겼다는 이야기도 전해진다. 이는 역사적 아픔을 지우기보다는 그 흔적 위에 새로운 의미를 덧입힌 상징적 장면으로 남아 있다.

　돌계단에 걸터앉아 골목을 내려다보면, 1920~30년대 한반도 안에 존재했던 '작은 일본'의 모습이 떠오른다. 시간이 지나며 많은 것들이 사라졌지만, 이곳은 여전히 역사적 현장으로서의 가치를 간직하고 있다. 사라진 흔적이 아니라, 반드시 기억하고 보존해야 할 공간임에 틀림없다.

　이 건물은 1920년대 일본 가가와현 출신인 하시모토 젠기치(橋本善吉)가 지은 2층 목조 일본식 가옥이다. 하시모토는 구룡포에서 선어 운반업으로 큰 성공을 거두며 상당한 부를 축적한 인물로, 그가 지은

이 가옥은 단순한 주택 이상의 상징성을 지닌다. 특히 주목할 점은, 건축 당시 일본 본토에서 자재를 직접 들여와 지을 만큼 공을 들였다는 사실이다.

이후 하시모토 일가가 일본으로 돌아간 뒤에도 이 건물은 오랫동안 한국인이 거주해오다가, 2010년 포항시가 매입하여 본격적인 복원 작업을 진행했다. 복원을 마친 후, 현재는 '구룡포근대역사관'이라는 이름으로 개관되어 일반에 공개되고 있다.

역사관 내부에는 일본 전통 가옥의 생활양식과 문화를 고스란히 보여주는 다양한 구조와 장치들이 보존되어 있다. 불단(부츠단), 고다츠(난방용 테이블), 란마(장식용 상부 창), 후스마(미닫이문), 도코노마(장식 공간) 등 일본 전통 가옥의 요소들이 90여 년의 세월을 지나 지금도 원형에 가깝게 남아 있어 눈길을 끈다. 창살, 난간, 계단 등 세부적인 부분에서도 일본식 건축의 정제된 미학과 기능성이 드러난다.

이 건물은 한일 근대건축사를 아우르는 중요한 유산으로 평가받고 있으며, 한국과 일본의 건축 전문가들 사이에서도 연구 가치가 높다. 단순히 과거의 건축물을 넘어서, 시대와 문화를 읽을 수 있는 생생한 공간으로서 역사적, 문화적 의미가 깊은 장소다.

전설 속 아홉 마리 용의 이야기

오랜 옛날, 지금의 구룡포 앞바다에는 아홉 마리의 용이 살았다고 전해진다. 이 용들은 바다를 떠나 하늘로 승천하려 했지만, 이 지역을 지키는 산신령이 그 길을 막았다고 한다. 산신령은 이 땅을 수호하기 위해 용들의 승천을 허락하지 않았고, 결국 용들은 이곳에 머무르게 되었다. 그때부터 사람들은 이 지역을 '아홉 용이 머문 포구'라는 뜻의 구룡포(九龍浦)라 불렀다. 이 전설은 단순한 옛이야기를 넘어, 용을 길하고 신성한 존재로 여겨온 우리 민족의 전통적 세계관이 반영된 상징적인 이야기다.

지금도 구룡포를 찾는 이들은 이 전설 속 용들의 기운이 깃든 듯한 고요하고 깊은 바다 풍경 속에서, 그 신비로운 이야기를 떠올리곤 한다. 전설과 자연, 그리고 역사가 어우러진 구룡포는 그 자체로 하나의 살아 있는 이야기책이다.

포항구룡포지역 일대가 2007년 과메기특구지구로 지정되어, 과메기의 홍보와 품질관리를 위하여 2014. 8월 착공하여 2016. 5월에 준공되었으며, 공모를 통하여 포항구룡포과메기문화관으로 이름지어졌다.

포항의 바다와 과메기가 문화와 최첨단 영상이 어우러져 3대가 같이 관람하고 체험할 수 있는 복합 공간으로 조성되어있다. 또한 층별로 전연령대가 체험하고 공부할 수 있는 전시실로 구성되어 구룡포를 홍보하고 즐길 수 있도록 한다.

장기읍성

포항11경_장기읍성&유배문화체험촌

조용히 시간을 걷는 곳 장기읍성

포항 남쪽 끝, 고즈넉한 시골 마을 장기면에 들어서면 조용히 시간을 품고 있는 장기읍성이 모습을 드러낸다. 조선시대 지방 행정의 중심지였던 이곳은, 과거 장기현의 관아와 읍성이 있던 자리로, 그 흔적이 지금도 또렷이 남아 있다.

장기읍성은 돌과 흙을 섞어 쌓은 포곡식 산성으로, 비교적 완만한 지형을 따라 둘레 약 1.6km에 걸쳐 이어진다. 지금은 성벽 일부만 남아 있지만, 마을 사이로 흐르는 성벽의 윤곽은 옛 도읍의 품격을 충분히 전한다. 성 안에는 장기현 관아를 비롯해 동헌, 객사, 옥사 등 조선시대의 행정 건물들이 복원되어 있어, 마치 시간을 거슬러 옛 고을을 거니는 듯한 기분을 느낄 수 있다.

특히 장기읍성의 진가는 고요한 풍경 속에서 드러난다. 관광지로 크게 알려지지 않아 사람들의 발길이 적고, 그 덕분에 오롯이 성과 마을, 자연이 어우러진 정취를 만끽할 수 있다. 초록이 짙어지는 여름이면 성벽 위를 따라 걷는 산책길이 무척 운치 있고, 마을 골목골목으로는 담장 너머로 세월을 이은 기와집들이 모습을 드러낸다.

복원된 장기 동헌 앞마당에서는 종종 작은 문화 행사가 열리기도 한다. 전통 혼례, 사또행차, 풍물놀이 등 지역 주민들이 함께 만드는 축제는 읍성의 시간에 생기를 더해 준다. 이곳은 단순한 유적지가 아니라, 지역의 역사와 문화가 살아 숨 쉬는 생활 유산이다.

장기읍성은 번잡한 일상에서 벗어나 천천히 걷고 싶은 이들에게 추천하고 싶은 곳이다. 유서 깊은 돌담길을 따라 걸으며, 오래된 시간과 조용히 마주하는 여행. 장기읍성은 그 자체로 한 권의 고요한 책 같다.

어디로 갈까? 남구편

연오랑세오녀 테마공원

포항8경_연오랑세오녀 테마공원

해와 달의 전설이 살아 숨 쉬는 곳
연오랑세오녀 테마공원

포항시 남구 동해면 해안가에는 오래된 신라의 전설을 품은 문화공원이 있다. 삼국유사에 기록된 신라의 건국 설화 '연오랑과 세오녀' 이야기를 바탕으로 조성된 이곳은, 전통과 현대가 어우러진 공간 속에서 역사와 자연을 함께 체험할 수 있는 특별한 장소다.

이야기의 시작은 신라 제8대 아달라왕 4년(157년), 동해 바닷가에서 해초를 캐던 연오랑과 세오녀 부부로 거슬러 올라간다. 바위에 실려 일본으로 떠내려간 두 사람의 부재로 인해 신라 땅에서 해와 달이 사라졌고, 세오녀가 일본에서 짠 비단으로 제사를 지내자 다시 빛이 돌아왔다는 전설이 전해진다. 이 설화는 한국에서 유일하게 전해지는 일월신화로, 고대 태양신화의 원형으로도 평가된다.

공원은 이 전설을 주제로 꾸며져 있으며, 방문객은 산책하듯 공원을 거닐며 이야기를 직접 체험할 수 있다.

일월대(日月臺)
전통 기와 양식으로 지어진 2층 전망대로, 동해바다가 한눈에 펼쳐지는 명소다. 일출 명소로도 유명하며, 바닷바람을 맞으며 고요한 풍경을 감상하기에 좋은 공간이다.

귀비고(貴妃庫) 전시관

설화 속 세오녀가 비단을 보관했다는 창고를 현대적으로 재해석한 전시관이다. 파도 형상을 본뜬 감각적인 천장 디자인과 함께 연오랑 세오녀 관련 애니메이션 상영, VR 체험, 인터랙티브 콘텐츠 등 다양한 체험 요소가 마련되어 있다.

바다 산책길과 포토존

푸른 바다를 배경으로 한 산책로를 따라가다 보면 자연과 설화가 어우러진 장면들을 곳곳에서 마주할 수 있다. 바다와 이어지는 오션뷰 포토존은 연오랑세오녀 테마공원의 가장 큰 매력 중 하나다.

이처럼 연오랑세오녀 테마공원은 설화와 자연, 체험 요소가 어우러진 복합적인 공간이다. 역사에 관심 있는 여행자뿐 아니라, 바다를 좋아하는 이들, 가족 여행지나 힐링 명소를 찾는 사람들에게도 추천할 만하다. 고요한 동해의 풍경 속에서 전설과 마주하는 이 경험은, 포항 여행의 색다른 감동으로 오래 남는다.

오어사_운제산 사계

운제산(雲梯山)은 경상북도 포항시 남구 오천읍과 대송면에 걸쳐 있는 해발 482m의 산으로, 사계절 내내 아름다운 자연경관과 깊은 역사적 의미를 간직한 명산이다. 이 산은 천년 고찰 오어사(吾魚寺)를 품고 있어 자연과 문화, 역사 모두를 아우르는 특별한 공간으로 손꼽힌다.

오어사에 위치한 해수관음세보살 불상(소원불상)

봄에는 연둣빛 신록과 벚꽃이 어우러져 산 전체가 화사한 분위기로 물든다. 특히 오어사로 향하는 길목과 자장암 주변에는 진달래와 벚꽃이 함께 피어 봄 산책의 정취를 더한다. 여름에는 울창한 소나무 숲과 오어사 인근 계곡이 더위를 식혀준다. 산림욕장에서는 상쾌한 공기 속에서 힐링을 즐길 수 있어 가족 단위의 방문객들에게 인기가 높다.

가을이 되면 운제산은 단풍으로 붉게 물들며 또 다른 절경을 선사한다. 오어사에서 자장암을 지나 정상으로 이어지는 등산로는 가을 산행의 명소로 널리 알려져 있으며, 운제산은 그 아름다움으로 포항 12경 중 하나로 선정되었다. 겨울의 운제산은 고요한 설경으로 변모한다. 눈 덮인 산길과 오어사의 풍경은 마치 한 폭의 동양화를 떠올리게 하며, 명상과 사색의 장소로 제격이다.

운제산의 중심에 자리한 오어사는 신라 진평왕 때 자장율사가 창건한 유서 깊은 사찰이다. 원효대사와 혜공선사의 이야기가 전해지는 이곳에는 보물 제1280호로 지정된 동종을 비롯해 자장암, 원효대사의 삿갓 등 다양한 문화재가 보존되어 있어 역사적 가치 또한 높다. 등산로 역시 잘 정비되어 있다.

원효코스, 혜공코스, 대왕암코스 등 다양한 난이도의 코스가 마련되어 있어 초보자부터 숙련된 등산객까지 모두가 즐길 수 있다. 정상에 오르면 포항 시내와 영일만을 한눈에 조망할 수 있어 산행의 즐거움을 더한다.

오어사에 근처에 위치한 90M길이의 현수교(출렁다리)

오어사에 위치한 종(방문객의 타종을 허용하고 있다)

오어사 둘레길은 포항 남구 오천읍에 위치한 오어사를 중심으로 조성된 산책로로, 자연 속에서 여유로운 걷기를 즐길 수 있는 힐링 코스다. 전체 길이는 약 5.2km로, 오어사와 오어지(저수지)를 따라 이어지는 순환형 코스로 조성되어 있다. 길은 대부분 완만하고 평탄해 남녀노소 누구나 걷기에 부담이 없다. 숲길과 물길이 어우러진 풍경 덕분에 사계절 내내 걷는 재미가 있으며, 특히 봄과 가을에는 산책과 사진 촬영을 즐기는 방문객들로 붐빈다. 중간중간 설치된 쉼터와 전망대는 잠시 머무르기에 좋으며, 오어사의 고즈넉한 분위기와 어우러져 마음까지 차분해지는 길이다.

Park1538 포스코역사박물관

수변공원에서 바라본 모습

Park1538

포항은 오랫동안 '철의 도시'라는 수식어로 불려왔다. 도시의 중심에 포스코라는 세계적인 철강 기업이 있고, 그 위용은 포항을 대표하는 풍경으로 자리해왔다. park1538은 바로 이 철강산업의 상징성과 도시의 문화적 변화를 담아낸 공간이다. 과거 산업 현장이었던 부지를 새롭게 단장해 시민과 여행객 모두에게 개방된 복합문화공간으로 탈바꿈시킨 곳. 이름 속 숫자 '1538'은 쇳물이 녹아 흐르기 시작하는 온도인 1538도씨를 의미하며, 그 자체로 포스코와 철의 정체성을 품고 있다.

공원에 들어서면 가장 먼저 눈에 띄는 것은 독특한 조형물들이다. 실제 철을 활용한 작품들과 구조물들은 단순한 전시를 넘어, 철이라는 물질이 가진 미학과 강인함을 감각적으로 보여준다. 거대한 고로를 형상화한 오브제는 과거와 현재, 산업과 예술이 만나는 장면을 만들어내고, 공원 곳곳에 놓인 벤치와 산책로는 여유로운 휴식의 공간으로 기능한다.

공원 중심부에 위치한 포스코 홍보관은 이 공간의 시작점이라 할 수 있다. 제철 공정과 철의 쓰임새, 포스코의 역사 등을 다양한 멀티미디어 전시와 체험을 통해 쉽고 흥미롭게 소개하고 있어, 특히 가족 단위 방문객이나 어린이들에게 인기가 높다. 단순히 산업적 사실을 나열하는 데 그치지 않고, 철이 사람들의 삶과 어떤 방식으로 연결되어 있는지를 따뜻한 시선으로 풀어낸 점이 인상적이다.

수변공원에서 바라본 모습

공원 안에는 카페와 쉼터, 작은 전시관도 마련되어 있다. 통유리로 된 카페에 앉아 바다를 바라보는 시간은 도심 속의 짧은 여행처럼 느껴진다. 날씨가 좋은 날에는 피크닉 매트를 깔고 잔디 위에 앉아 책을 읽거나, 아이들과 함께 여유로운 오후를 보내는 풍경도 쉽게 마주할 수 있다. 바다와 맞닿아 있는 공간 구조 덕분에 해질 무렵 붉게 물드는 하늘과 영일만의 수평선이 만들어내는 장면은 이곳을 더욱 특별하게 만든다.

단순한 공원 이상의 가치를 담고 있는 park1538은 산업의 유산이 예술과 문화로 재해석된 좋은 예시다. 포항을 여행하는 이들에게 이곳은 꼭 한 번 들러봐야 할 공간이자, 도시가 가진 또 다른 얼굴을 마주할 수 있는 장소다. 철의 온기와 바다의 바람, 그리고 문화의 숨결이 공존하는 이곳에서, 잠시 일상을 내려놓고 포항의 새로운 매력을 발견해보자.

관람안내

온라인 사전 예약제로 운영되며 관람일 기준 3일 전까지 예약, 1일 전까지 수정이 가능하다.

예약시간보다 늦게 도착할 경우 관람코스가 단축/취소될 수 있어 시간엄수를 부탁한다.

포스코 park 1538 홍보관

운영시간 : 평일 : 09:00-17:30, 토요일 : 09:00-17:00
문 의 처 : 054-220-0580

- 미취학 어린이는 보호자 동반시에만 관람이 가능하다.
  (어린이 2명당 보호자 1명 필수)
- 전시물에 손을 대거나 손상을 입힐 수 있는 행위는 삼가야 한다.
- 전시 시설물을 파괴하거나 훼손하였을 경우 손해배상에 대한 책임이 있다.
- 관내에서는 금지사항이 있다. 아래를참고하길 바란다.

※사전에 공식 허가를 받지 않은 상업적 용도의 사진/영상 촬영, 해설내용 녹음, 사진촬영 금지구역 촬영
※안내견 이외의 애완동물, 음식물, 이동식 탈 것 (자전거/킥보드/스케이트 등) 관람 예절(휴대전화 진동모드 등)을 지키고, 타인의 관람에 방해되는 소란행위자/주취자 등의 경우 관람에 제한을 받을 수 있다.
※자유관람은 역사박물관에 한하여, 5인 미만 방문 접수후 관람이 가능하다.

역사 박물관

운영시간 평일 : 09:00-17:30, 토요일 : 10:00-17:00
문 의 처 054-220-7721

제철소

운영시간 평일 : 09:00-17:30, 토요일 : 09:00-17:00
문 의 처 054-220-1538

- 관람이 승인된 이후에도 제철소 조업 사정에 따라 관람코스가 변경/취소 될 수 있다.
- 안전사고 예방 및 원활한 관람 진행을 위해 인솔직원의 안내에 따라주길 바란다.
- 개인관람의 경우 어린이는 보호자 동반하에 관람이 가능하다.
- 학교단위 단체관람의 경우 안전사고 예방을 위해 초등학교 3학년 이상으로 관람 연령을 제한하고 있다.
- 특히, 공장견학의 경우 관람하는 공장은 고열, 고소음 작업장으로 초등학교 2학년 이하의 어린이, 혈압/심장질환이 있는 고령자, 주취자 등 관람에 어려움이 있는 내방객은 안전을 위해 버스 내 견학만 권장한다.
- 안전한 공장견학을 위해 운동화/굽이 낮은 신발 착용을 권장하며, 하이힐 및 끈이 없는 슬리퍼 착용시 관람이 불가하다.

무엇을 먹을까? · 운제산 | 오어사 · **주변 맛집 추천**

새포항 식당

신선한 채소와 함께하는 오리고기

INFORMATION

⌂ **상호** : 새포항식당   ◎ **주소** : 포항시 남구 오천읍 오어로 115

🕒 **영업시간** : 11:00~21:00

📞 054-291-7364

🔖 **대표메뉴** : 옻오리백숙 70,000원, 오리불고기 50,000원

오리불고기

운제산 자락에 자리한 오어사 인근에는 자연의 정취와 어우러진 숨은 맛집, 새포항식당이 있다. 한적한 산속에 위치한 이 식당은 오리 요리 전문점으로, 신선한 재료와 깊은 맛으로 입소문을 타며 많은 이들의 발길을 끌고 있다.

대표 메뉴는 옻오리백숙과 오리불고기로, 각각의 요리에서 재료 본연의 풍미와 정성 어린 손맛이 고스란히 느껴진다. 옻오리백숙은 부드러운 육질과 진한 국물 맛이 일품이며, 오리불고기는 자극적이지 않으면서도 감칠맛이 살아 있어 남녀노소 모두에게 인기가 높다.

식당 내부는 넓고 깔끔하며, 편안한 분위기를 자아낸다. 등산이나 오어사 탐방을 마친 뒤 들러 허기진 배를 채우기에도 제격이다. 특히 정갈하게 차려지는 상차림과 넉넉한 인심은 가족 단위 방문객들에게 큰 만족을 준다.

자연 속에서 여유를 느끼며 건강한 한 끼를 즐길 수 있는 새포항식당은 운제산과 오어사를 찾는 이들에게 특별한 식도락의 즐거움을 더해주는 곳이다. 조용한 풍경과 어우러진 맛있는 음식은 여행의 여운을 더욱 깊게 만든다.

무엇을 먹을까?   Park1538   **주변 맛집 추천**

연일 옻닭

먹고 나면 힘이 나는 느낌, 제대로 된 보양식 옻닭!

INFORMATION

⌂ **상호** : 연일옻닭   ◎ **주소** : 포항시 남구 연일읍 철강로 71번길 13

🕐 **영업시간** : 11:00~20:00(13:30~16:30분 브레이크타임)
         ※매주 일요일 정기휴무

📞 054-286-1721

🔖 **대표메뉴** : 옻닭 35,000원, 닭백숙 35,000원

연일옻닭식당, 깊고 진한 국물의 매력

옻닭이란?

옻닭은 옻나무 껍질을 달여낸 육수에 토종닭을 푹 고아 만든 보양식으로, 피로 회복과 면역력 강화, 염증 완화에 효과가 있다고 알려져 있다. 예로부터 '약이 되는 음식'으로 널리 사랑받아 온 이 음식은 깊고 진한 맛을 자랑한다.

오리불고기

무엇을 먹을까?　Park1538　**주변 맛집 추천**

진한 향과 깊은 국물

옻 특유의 진한 향과 깊은 국물이 입안을 감돌며, 그 맛은 누린내 없이 깔끔하다. 한 모금 마시면, 몸속까지 따뜻해지는 느낌을 받을 수 있다.

쫄깃한 토종닭 사용

연일옻닭식당은 토종닭을 사용해 일반 닭보다 더 단단하고 육즙이 풍부하다. 씹을수록 고소하고 감칠맛이 깊어, 그 맛을 제대로 느낄 수 있다.

건강한 한상 차림 옻닭과 함께 나오는 밑반찬들은 모두 정성이 담겨 있는 수제 반찬들로, 특히 깍두기와 나물 무침이 훌륭한 조화를 이룬다. 자연스러운 맛의 밸런스가 완벽하다.

무엇을 먹을까? Park1538 **주변 맛집 추천**

연일 개미집

맛있는 양념과 부드러운 고기의 조화!

INFORMATION

⌂ **상호** : 연일 개미집   ◎ **주소** : 포항시 남구 연일읍 동문로 53번길 10 1층

◷ **영업시간** : 11:30~22:00(21시 라스트오더)

☏ 0507-1491-2363

▯ **대표메뉴** : 대구뽈불고기(소)30,000원, (대)40,000원

무엇을 먹을까?   Park1538   **주변 맛집 추천**

대구뽈불고기

　　포항 연일읍의 골목길에 자리한 연일 개미집은 오랜 시간 지역민의
사랑을 받아온 뽈불고기 전문점이다. '뽈'은 대구의 볼살을 뜻하며,
쫄깃한 식감과 담백한 맛이 특징이다. 이 부위를 매콤달콤한 양념에
센 불로 볶아내 불향 가득한 요리를 완성한다.

개미집의 뽈불고기는 얼핏 간짜장을 연상케 하는 진한 양념이 특징인데, 여기에 양파의 단맛이 더해져 중독성 있는 맛을 낸다. 맵기의 선택이 가능해 취향에 따라 즐길 수 있고, 감자사리나 우동사리를 추가하면 색다른 식감을 더할 수 있다. 무엇보다 밥과 함께 비벼 먹을 때 가장 큰 만족감을 준다.

기본으로 제공되는 얼큰한 동태탕과 정갈한 밑반찬들도 식사의 완성도를 높인다. 자글자글 익어가는 철판 위 고기와 불향 가득한 공기는 이곳만의 정겨운 분위기를 만들어낸다. 여러 방송에도 소개된 바 있는 개미집은 단순한 맛집을 넘어, 포항의 식문화를 오롯이 경험할 수 있는 공간이다. 매콤한 맛 속에 담긴 따뜻한 환대는 여행자에게 오래도록 기억에 남을 특별한 한 끼가 되어줄 것이다.

무엇을 먹을까? Park1538 **주변 맛집 추천**

조림 명가

밥 한 그릇이 사라지는 조림의 마법

INFORMATION

⌂ **상호** : 조림명가   📍 **주소** : 포항시 남구 오천읍 냉천로236번길 48
🕐 **영업시간** : 11:00~21:00(20:20 라스트오더)
　　　　　　 15:00~17:00 브레이크타임
📞 054-291-1108

🔖 **대표메뉴** : 두부조림 9,000원, 고등어구이 14,000원

두부조림

부드러운 두부와 깊은 양념의 조화 조림명가 두부조림

조림명가에서 빼놓을 수 없는 인기 메뉴는 바로 두부조림이다. 생선
조림이 주를 이루는 이곳에서 두부조림은 그 자체로 특별한 맛을 자랑
한다.

신선한 두부는 고소한 양념과 함께 푹 졸여져 부드럽고 깊은 맛을 낸다. 달콤하면서도 매콤한 양념이 두부에 스며들어, 한 입 먹을 때마다 그 풍미가 입 안에 퍼진다. 특히, 갈치조림이나 고등어조림처럼 강한 맛을 원하지 않는 사람들에게 좋은 선택이 된다.

두부조림은 정식 메뉴로 제공되어 밑반찬과 국도 함께 나와 푸짐하게 한 끼를 즐길 수 있다. 양념이 과하지 않아서 두부 본연의 맛을 살리면서도 깊은 풍미를 느낄 수 있다. 이 집의 두부조림은 단순히 부드러운 두부에 그치지 않고, 그 맛을 더욱 풍성하고 깊게 만들어준다.

조림명가 두부조림을 맛보면, 생선조림 외에도 또 다른 즐거움을 느낄 수 있다. 매운 음식을 피하고 싶거나, 채식 위주의 식사를 원할 때 이 메뉴는 아주 좋은 선택이 된다.

무엇을 먹을까?　구룡포일본인가옥거리　**주변 맛집 추천**

까꾸네 **모리국수**

시원하고 얼큰한 맛의 모리국수

INFORMATION

⌂ **상호** : 까꾸네 모리국수　　📍 **주소** : 포항시 남구 구룡포읍 호미로 239-13
🕐 **영업시간** : 10:30~17:00
📞 054-276-2298

🔖 **대표메뉴** : 모리국수 2인 16,000원, 모리국수 3인 22,000원

(무엇을 먹을까?) (구룡포 일본인가옥거리) **주변 맛집 추천**

모리국수

구룡포 어부들의 소울푸드 한 그릇 까꾸네 모리국수

　경북 포항 구룡포에 가면, 구수한 바다 내음을 품은 국수 한 그릇으로 속을 든든하게 채울 수 있는 곳이 있다. 바로 '까꾸네 모리국수' 다. 소박한 간판을 지나 문을 열면, 이곳이 왜 오랫동안 어민들과 지역 주민들의 사랑을 받아왔는지 금세 알 수 있다.

　이 집의 대표 메뉴는 이름 그대로 '모리국수'. 생선과 해산물로 우려낸 깊고 진한 육수에 매콤한 양념이 더해져 얼큰한 국물 맛이 일품이다. 과거 바다에서 고된 작업을 마친 어부들이 항구에 돌아와 이 국수 한 그릇에 막걸리 한 잔으로 피로를 풀었다는 이야기가 전해질 만큼, 지역의 정서와 일상이 고스란히 녹아 있는 음식이다.

까꾸네 모리국수는 구룡포항과 가까운 일본인 가옥 거리 인근에 위치해 있다. 식사 후 가볍게 산책하기에도 좋아 여행자들에게도 인기가 많다. 가게 내부는 오래된 단골집처럼 편안하고 정겨운 분위기다. 지나치게 꾸미지 않아 오히려 이곳의 매력을 더한다.

구룡포에 들른다면 까꾸네 모리국수에서 따뜻한 국수 한 그릇으로 바다 마을의 정취를 느껴보자. 지역의 맛은 물론, 소박한 삶의 온기도 함께 전해진다.

무엇을 먹을까?　연오랑세오녀 테마공원　**주변 맛집 추천**

임곡 춘천닭갈비

닭갈비가 생각날 때 이곳으로!

INFORMATION

⌂ **상호** : 임곡 춘천닭갈비　　◎ **주소** : 포항시 남구 동해면 호미로 3065-1

⊙ **영업시간** : 11:00~21:00(20시 라스트오더)

　　　　　　　15:00~17:00브레이크타임　※매달 월요일 정기휴무

☏ 0507-1397-5190

▯ **대표메뉴** : 뼈없는 닭갈비 15,000원, 눈꽃치즈 닭갈비 17,000원

춘천닭갈비

연오랑세오녀 테마파크 근처에서 식사를 고민 중이라면, 차로 5분 거리에 있는 임곡원조춘천닭갈비 본점을 추천한다. 포항시 남구 동해 면 호미로에 자리한 이곳은 넉넉한 주차 공간과 전기차 충전소까지 갖추고 있어 방문이 편리하다.

외관은 단정한 가정집 느낌이고, 내부는 좌식과 입식 테이블이 모두 마련돼 있어 취향에 따라 자리를 선택할 수 있다. 대표 메뉴는 항아

리철판닭갈비, 불닭갈비, 눈꽃치즈닭갈비 등으로 다양하며, 점심 세트 메뉴는 닭갈비 2인분과 치즈떡 사리, 치즈 볶음밥, 막국수, 음료가 포함돼 있어 가성비가 좋다.

닭갈비는 사장님이 직접 철판에서 정성껏 볶아주는데, 양념이 속까지 잘 배어 깊은 맛이 난다. 쫄깃한 치즈떡과 고소한 볶음밥은 마무리까지 만족스럽다. 식사 후에는 매장에서 무료로 제공하는 커피 한 잔으로 여유롭게 마무리할 수 있다.

연오랑세오녀 테마공원에서의 여운을 이어가기에 딱 좋은 곳. 맛과 분위기, 접근성까지 고루 갖춘 닭갈비 맛집이다.

포항, 여행이 되는 순간_어디로 갈까?

북구편

내연산 12폭포, 보경사, 이가리 닻 전망대, 청하 공진시장
죽장 하옥계곡, 경상북도 수목원 사계

무엇을 먹을까?

범촌매운탕, 부원식당, 빌라드웨이브

내연산 12폭포

경북 포항시 북구 송라면 동북쪽에 위치한 내연산(710m)은 12개의 폭포를 품고 있으며, 해발 고도는 크지 않지만 해안 근처에 우뚝 솟아 있어 인상적인 모습을 자랑한다. 내연산 자락을 따라 40km가량 이어지는 청하골은 그 깊고 그윽한 산골짜기 풍경으로 유명하다. 특히 이곳에서 만날 수 있는 폭포는 그 형태와 규모가 다양해, 폭포를 사랑하는 이들에게는 최적의 장소다.

청하골은 천년 고찰인 보경사에서 시작된다. 보경사는 신라 진평왕 때 창건된 것으로 전해지며, 이곳에서 출발하는 등산로는 폭포들을 잇따라 만나게 된다. 첫 번째 폭포인 상생폭포는 우람하지 않지만, 두 물길이 나란히 떨어지는 모습이 단아하다. 그 후에는 보현폭포(제2폭포), 삼보폭포(제3폭포), 잠룡폭포(제4폭포), 무봉폭포(제5폭포) 등이 잇따라

2경 내연산 12폭포 비경

펼처진다. 특히 잠룡폭포는 영화 '남부군'의 촬영지로 유명하다.

관음폭포(제6폭포)와 연산폭포(제7폭포)는 청하골의 폭포들 중 가장 아름답고 경관이 뛰어난 곳으로 손꼽힌다. 관음폭포는 쌍폭으로, 선일대, 신선대 등 여러 절벽이 둘러싸고 있어 그 풍경이 장관이다. 폭포수는 관음굴을 지나면서 떨어지며, 이곳에서만 볼 수 있는 독특한 광경을 선사한다. 그 위에 위치한 연산폭포는 30m의 높이를 자랑하며, 특히 깎아지른 절벽에서 떨어지는 물줄기는 보는 이에게 강한 인상을 남긴다.

또한 은폭(隱瀑)은 숨겨져 있어 찾기가 어려운 폭포지만, 그곳에서 내려오는 물줄기는 조용히 마음을 차분하게 만든다. 폭포를 모두 감상하려면 좀 더 깊숙이 들어가야 하며, 그곳의 고요함이 방문객에게 특별한 경험을 안겨준다.

산길을 따라 올라가면 선일대(仙逸臺) 전망대가 기다리고 있다. 이곳은 '신선이 비하대에서 삼용추를 완성한 후, 이곳에서 오랜 시간을 보냈다'는 전설이 전해지는 장소로, 조선 말엽 겸재 정선이 이곳을 그린 것으로 유명하다.

보경사에서 연산폭포까지의 등산은 약 2시간 정도 소요되며, 등산로는 잘 다듬어져 있어 가족 단위의 관광객도 쉽게 오를 수 있다. 12폭포의 매력은 그 풍경 하나하나가 독특하며, 자연과의 교감을 통해 잊지 못할 경험을 선사한다.

보경사

보경사는 웅장하고 수려한 중남산을 등에 업고, 좌우로 뻗은 내연산 연봉에 둘러싸인 고즈넉한 사찰이다. 12폭포로 유명한 그윽한 계곡에서 흐르는 맑은 시냇물이 사찰을 포근히 감싸고 있어, 그 자체로도 자연의 일부처럼 느껴진다.

보경사의 역사는 신라 진평왕 25년(602)에 시작된다.

내연산 보경사에 위치한 오층석탑

당시 진나라에서 유학하고 돌아온 대덕지명 법사가 왕에게 아뢰었다. "동해안의 명산에서 명당을 찾아 팔면보경을 묻고, 그 위에 불당을 세우면 왜구의 침략을 막고, 장차 삼국을 통일할 것이다." 왕은 그의 말을 믿고, 포항을 지나 해안을 따라 올라가며 오색구름이 덮인 산을 보았다. 이곳이 바로 내연산이었다. 왕은 이곳에서 연못을 메우고 팔면보경을 묻은 후 절을 창건하였고, 그 절이 바로 보경사라고 전해진다.

현재 보경사에는 서운암, 청련암, 문수암, 보현암 등의 암자가 있으며, 사찰 내에서는 템플스테이 프로그램도 운영 중이다. 이곳은 고요한 산속에서 마음의 쉼을 찾고자 하는 이들에게 자연과 함께하는 힐링의 공간을 제공하고 있다.

대왕의 꿈, 남부군의 촬영지인 내연산 12폭포의 배경지인 보경사

보경사 마당 전경의 일부

어디로 갈까? 북구편

이가리 닻 전망대

경북 포항 북구 청하면 이가리에 자리한 '이가리 닻 전망대'는 최근 포항을 대표하는 새로운 바다 여행지로 주목받고 있다. 바다 위로 길게 뻗은 구조물은 마치 배의 닻을 형상화한 듯 독특한 실루엣을 지니고 있어, 일명 '닻 전망대'로 불리며 많은 이들의 발길을 끌고 있다.

이 전망대는 단순한 조형물이 아니다. 포항의 푸른 바다와 조화를 이루며, 탁 트인 해안 절경을 색다른 각도에서 조망할 수 있는 특별한 공간이다. 바다 위로 곧게 뻗은 길을 따라 걸으면 어느새 발 아래로 잔잔한 파도 소리가 울려 퍼지고, 사방으로 펼쳐지는 수평선이 시야를 가득 채운다. 전망대 끝에 서면, 바람과 파도, 그리고 시원한 수평선이 하나로 어우러지며, 도심에서는 쉽게 경험할 수 없는 감각적 해방감을 선사한다.

이가리 닻 전망대는 일출 명소로도 유명하다. 동해의 해가 수면 위로 떠오르는 이른 아침, 하늘과 바다가 황금빛으로 물드는 순간을 이곳에서 만날 수 있다. 특히 닻 모양 전망대 끝자락에 서서 바라보는 해돋이는 여행자들의 카메라 셔터를 쉴 새 없이 누르게 만든다. 계절마다 색이 다른 하늘과 바다, 그리고 이를 반영하는 닻 전망대의 철재 구조는 사진 속에서도 인상 깊은 장면을 만들어낸다.

전망대 주변은 깔끔하게 정비된 산책로와 포토존, 해안도로가 이어

져 있어 가벼운 산책이나 드라이브 코스로도 적합하다. 바닷바람을 맞으며 천천히 걷는 길에서는 포항 바다 특유의 여유와 고요함이 느껴진다. 인근에 위치한 청하 공진시장이나 해안 마을과도 가까워, 함께 여행 코스를 구성하기에도 좋다.

무엇보다 이가리 닻 전망대는 그 모양새만큼이나 특별한 상징성을 지닌다. 닻은 배가 떠내려가지 않도록 바다 밑에 단단히 고정해주는 장치다. 이 전망대를 찾는 많은 이들이 닻처럼 삶의 중심을 다잡고, 흔들리던 마음을 잠시나마 고요히 가라앉힐 수 있다고 말한다. 단지 사진 찍기 좋은 명소를 넘어, 이곳은 바다를 통해 스스로를 돌아보는 시간을 선물하는 공간이기도 하다. 포항의 바다는 오래전부터 낚시꾼과 어부들의 삶터였고, 지금은 여행자들에게 쉼과 위안을 건네는 풍경이 되었다. 그 중심에 자리한 이가리 닻 전망대는, 바다를 닮은 감성을 간직한 이들에게 더없이 어울리는 목적지다. 자연과 사람, 풍경과 감정이 조화롭게 어우러지는 이곳에서의 시간은, 오랜 기억으로 남을 것이다.

청하 공진시장

경북 포항시 북구 청하면에는 조용하고 정겨운 바닷마을 하나가 자리하고 있다. 청하 공진시장. 언뜻 들으면 낯선 이름처럼 느껴지지만, 이곳은 드라마 갯마을 차차차의 주요 배경지로 알려지면서 많은 여행자들의 발길을 모으고 있는 장소다. 드라마 속 '공진시장'이라는 이름은 사실 이곳, 청하 공진시장에서 그대로 따온 것이다. 하지만 이 시장이 특별한 이유는 단지 유명 드라마의 촬영지였기 때문만은 아니다.

청하 공진시장은 오랜 세월 지역 주민들의 삶을 지탱해온 전통시장이다. 정겨운 상점들과 시장 사람들의 따뜻한 인심이 어우러져, 작은 공간 안에 커다란 이야기가 숨 쉬고 있다. 시장 입구에 들어서면 반찬가게와 생선가게, 철물점과 분식집이 다닥다닥 붙어 있고, 그 사이를 바삐 오가는 사람들의 발걸음이 이어진다. 드라마에서 윤혜진과 홍두식이 자주 오가던 길목도 바로 이곳이며, 이발소와 철물점은 드라마 방영 이후에도 변함없이 그 자리를 지키고 있다. 이 시장이 주는 가진 가장 큰 매력은 바로 '있는 그대로의 삶'이다. 조명을 더하거나 세련되게 포장하지 않아도, 소박한 일상 그 자체로 충분히 아름답다는 것을 보여준다. 관광객이 찾아오면 시장 사람들은 수줍지만 반가운 표정으로 "드라마 보셨어요?" 하고 말을 건넨다. 여행자는 자연스럽게 마을의 손님이 되고, 잠시나마 이곳의 리듬에 몸을 맡기게 된다.

시장에서 멀지 않은 곳에는 드라마의 또 다른 명장면들이 펼쳐졌던 바닷길과 방파제가 있다. 파도가 잔잔히 부서지는 소리를 들으며 걷다 보면, 마치 드라마 속 인물이 되어 마을을 거니는 듯한 기분이 든다. 이곳을 방문한 이들은 종종 "정말 드라마보다 더 드라마 같다"는 말을 남기곤 한다. 그것은 아마도 청하 공진시장이 보여주는 진짜 일상, 그리고 꾸미지 않은 사람들의 온기가 주는 감동 때문일 것이다.

이곳은 단순한 관광지가 아니다. 이곳은 드라마의 여운을 간직한 채, 여전히 자신만의 시간과 방식으로 살아가는 작은 시장이다. 사람 냄새 나는 골목, 손끝에서 전해지는 정성, 바다와 함께 흐르는 하루하루. 모든 것이 천천히 흘러가는 이 공간에서, 여행자는 바쁜 일상에 잠시 쉼표 하나를 찍을 수 있다.

어디로 갈까? 북구편

죽장 하옥계곡

포항10경_ 죽장 하옥계곡

물맑은 계곡과 깊은 숲길이 어우러진 포항 죽장의 하옥계곡은, 도심의 번잡함을 잠시 벗어나 자연 속으로 깊이 스며들고 싶은 이들에게 제격인 숨은 명소다. 포항 북구 죽장면 하옥리에 자리한 이곳은 울창한 산세에 둘러싸여 있어 사계절 내내 맑고 시원한 공기를 머금고 있다. 특히 여름이면 계곡을 따라 흐르는 물줄기는 손이 시릴 만큼 차갑고 맑아, 무더운 날씨에도 마음까지 청량해지는 기분을 선사한다.

하옥계곡은 그 규모가 크지는 않지만, 오히려 그 소담함 덕분에 더욱 정겹게 느껴진다. 계곡을 따라 걷다 보면 크고 작은 폭포와 바위들이 어우러져 자연이 만들어낸 조형미가 눈길을 끈다. 발을 담그고 앉아 흐르는 물소리에 귀를 기울이고 있노라면, 시계의 초침 소리조차 사치처럼 느껴질 만큼 시간은 느리게 흐른다. 깊은 숲 그늘 아래 펼쳐지는 풍경은 마치 한 폭의 산수화를 닮았고, 들리는 소리라고는 물 흐르는 소리, 나뭇잎 사이를 스치는 바람, 간간이 들려오는 새소리뿐이다.

이곳의 가장 큰 매력은 상업화되지 않은 자연 그대로의 모습이다. 많은 사람들이 찾는 유명 관광지와 달리, 하옥계곡은 아직까지도 그 고요함을 잘 간직하고 있다. 주변에는 대형 숙박시설이나 번화한 식당 대신 소박한 민박집과 캠핑장이 드문드문 자리하고 있어, 하루쯤 머물며 자연과 함께 호흡할 수 있는 여유도 누릴 수 있다. 때로는 휴대폰의 전파도 약한 이곳에서, 진정한 의미의 '쉼'을 경험할 수 있다.

　계곡을 따라 오르다 보면, 물길이 잦아드는 곳마다 발길을 멈추게 만드는 풍경이 기다린다. 햇살이 나뭇잎 사이로 스며드는 작은 연못처럼 고요한 곳, 물살이 바위에 부딪혀 하얀 거품을 만들어내는 곳, 아이들이 웃으며 물놀이를 즐기는 너른 여울까지 각기 다른 표정의 자연이 여행자를 반긴다. 사진으로 다 담을 수 없는 이곳의 풍경은 오히려 마음속에 오래도록 남는다.

　하옥계곡은 단순한 피서지가 아니라, 자연을 온몸으로 느낄 수 있는 쉼터다. 봄이면 야생화가 수줍게 피어나고, 여름이면 초록이 가장 짙게 물든다. 가을이면 단풍이  계곡을 곱게 수놓고, 겨울에는 고요한 설경이 또 다른 아름다움을 선사한다. 계절마다 다른 옷을 입은 하옥계곡은 언제 찾아도 새로운 감동을 안겨준다.

경상북도 수목원 사계

포항 7경_ 경상북도 수목원 사계

　포항 북구 죽장면에 위치한 경상북도 산림환경연구원 수목원은, 북적이는 도시의 일상에서 벗어나 한적한 자연의 품으로 향하고 싶을 때 더없이 좋은 여행지다. 백두대간의 줄기를 따라 해발 600m 고지에 자리한 이곳은 '경북의 숲' 이라 불릴 만큼 풍성한 생태자원과 깊은 숲의 정취를 품고 있다. 포항이라고 하면 바다를 떠올리기 쉽지만, 죽장의 수목원은 전혀 다른 포항의 얼굴을 보여준다 푸르른 산과 고요한 숲이 살아 숨 쉬는, 숨어 있는 고지의 숲이다.

　수목원에 발을 들이는 순간, 가장 먼저 맞이하는 건 바람이다. 도심의 먼지 섞인 바람이 아닌, 나뭇잎 사이를 헤집고 나온 맑고 서늘한 바람. 그 바람을 따라 천천히 오솔길을 걷다 보면, 길게 뻗은 소나무 숲과 자작나무 군락, 그리고 야생화들이 수수한 인사를 건넨다.

　이곳은 단순히 나무를 전시한 공간이 아니라, 산림 생태계의 순환과 조화를 고스란히 담아낸 '살아 있는 숲' 이다. 자연에 대한 경외심과 배움이 동시에 머무는 곳이라, 걷는 것만으로도 마음이 맑아지고 생각이 깊어진다. 특히 고지대의 특성을 살린 식생이 돋보인다. 희귀 자생식물과 고산성 수종들이 다양하게 조성되어 있으며, 산림생물자원연구를 위한 시험림과 주제 정원이 함께 어우러져 있어 교육적 가치도 높다. 아이들과 함께라면 자연 속 교과서가 되어줄 수 있고, 홀로 찾는 이에게는 깊은 사색의 시간을 선물한다.

　계절마다 그 색을 달리하는 이 숲은, 그 변화마저도 찬찬히 들여다

보아야 제맛이다. 봄에는 새순이 터지고, 산벚꽃이 숲길을 따라 흐드
러지게 핀다. 여름엔 그늘이 깊어지고, 가을이면 단풍이 붉게 숲을 태
우며, 겨울에는 고요한 설경이 흰 숨결처럼 내려앉는다. 매 계절마다
그 숲이 보여주는 풍경은 절로 발길을 멈추게 만든다.

무엇보다 이곳의 큰 매력은 '차분함'이다. 상업화된 관광지가 아
닌 탓에, 언제 찾아도 조용하고 평화롭다. 사람들이 적고 소란스러운
소리가 없으니, 숲의 소리와 자신의 내면에 집중할 수 있는 환경이 자
연스레 주어진다. 때로는 벤치에 앉아 그저 가만히 숲을 바라보는 것
만으로도 깊은 위로가 된다.

죽장 경상북도 수목원은 화려하지 않다. 하지만 그 조용하고 단정한 숲의 얼굴은 오래도록 마음에 남는다. 자연을 걷고, 자연을 보고, 자연을 닮아가는 시간. 이곳을 다녀온 사람이라면, 포항에 이렇게 깊고 고요한 숲이 있다는 사실만으로도 여행의 만족을 느낄 수 있을 것이다.

무엇을 먹을까? | 경상북도 수목원 | **주변 맛집 추천**

범촌 매운탕

맛있고 진한 메기매운탕을 맛볼 수 있는 곳

INFORMATION

⌂ **상호** : 범촌매운탕　　◎ **주소** : 포항시 북구 신광면 신흥로 476

◷ **영업시간** : 11:00~20:30 (14:40~16:00 브레이크타임)
　　　　　　　19:30 라스트오더

☏ 054-243-0298

▢ **대표메뉴** : 매운탕 솥밥정식 17,000원

매운탕 솥밥정식

　포항 북구 신광면에 위치한 범촌매운탕은 지역 주민들 사이에서 오랜 시간 사랑받아온 숨은 맛집이다. 도심의 번잡함에서 벗어나 한적한 시골길을 따라 들어서면, 소박한 외관의 식당이 여행객을 맞이한다. 이곳은 특히 민물고기를 활용한 매운탕으로 유명하며, 깊은 맛과 정성 어린 손맛으로 많은 이들의 입맛을 사로잡고 있다.

　범촌매운탕의 대표 메뉴인 매운탕은 신선한 민물고기를 주재료로 사용하여, 특유의 비린 맛 없이 깔끔하고 담백한 국물 맛을 자랑한다.

여기에 각종 채소와 양념이 어우러져 얼큰하면서도 깊은 풍미를 더한다. 특히, 계절에 따라 달라지는 재료의 신선함은 이곳 매운탕의 또 다른 매력이다.

식당 내부는 넓고 깨끗하며, 가족 단위 손님부터 단체 모임까지 다양한 인원을 수용할 수 있는 좌석이 마련되어 있다. 또한, 친절한 서비스와 합리적인 가격대는 방문객들에게 만족감을 더해준다.

범촌매운탕은 포항의 주요 관광지인 하옥계곡이나 경상북도 수목원과도 가까워, 자연을 즐긴 후 들르기 좋은 위치에 있다. 여행 중 든든한 한 끼를 원한다면, 이곳에서의 식사는 훌륭한 선택이 될 것이다.

포항 신광면의 범촌매운탕은 화려하진 않지만, 정갈한 맛과 따뜻한 분위기로 오랜 시간 사랑받아온 식당이다. 자연 속에서의 여유로운 시간을 마무리하며, 이곳에서의 식사는 여행의 또 다른 즐거움이 될 것이다.

무엇을 먹을까?　내연산 | 보경사　**주변 맛집 추천**

부원 식당

포항초비빔밥과 도토리빈대떡이 있는곳

INFORMATION

⌂ **상호** : 부원식당　　📍 **주소** : 포항시 북구 송라면 보경로 451-8

🕐 **영업시간** : 10:00~20:00

📞 0504-1319-0229

🔖 **대표메뉴** : 한우버섯전골(소) 30,000원, 산채비빔밥 10,000원
　　　　　 도토리빈대떡 13,000원

산채비빔밥

　내연산과 보경사 인근에 위치한 부원식당은 포항 북구 송라면 보경로에 자리한 산채 한식 맛집이다. 보경사 주차장 맞은편에 있어 접근성이 좋고, 넓은 주차장과 족구장, 아기의자 등 편의시설도 잘 갖춰져 있어 가족 단위나 단체 방문객에게도 적합하다.

대표 메뉴는 산채비빔밥으로, 다래나물, 고사리, 도라지 등 다양한 나물과 김가루, 계란후라이가 어우러져 참기름 향이 고소하고 된장찌개와 함께 먹으면 더욱 맛있다. 더덕구이와 호박전도 인기 메뉴인데, 불향 가득한 양념 더덕은 매콤달콤하고, 두툼하게 구운 호박전은 바삭하면서도 달큰하다. 한방닭백숙과 오리백숙도 별미로, 예약 후 맛보면 깊은 국물 맛이 일품이다. 이 외에도 콩국수, 산채전, 오리불고기 등 다양한 한식이 준비되어 있어 선택의 폭이 넓다. 내연산 산행이나 보경사 나들이 후, 푸짐하고 정갈한 식사를 원한다면 한 번쯤 들러볼 만한 곳이다.

필자가 가장 추천하는 별미는 도토리빈대떡이다. 인근 식당단지에서 유일하게 이 매장에서만 맛볼 수 있는 음식이 도토리빈대떡인데 막걸리와 함께 곁들이면 배불리 드실 수 있으실 것이다

무엇을 먹을까? 이가리 닻 전망대 | 사방기념공원 **주변 맛집 추천**

빌라드 웨이브

독특한 공간에서의 맛있는 한끼

INFORMATION

⌂ **상호** : 빌라드웨이브   ◎ **주소** : 포항시 북구 흥해읍 해안로 1777
🕐 **영업시간** : 11:00~19:00   ※재료소진시 조기마감 (식사예약불가)
　　　　　 ※5~8인 단체예약만 가능
📞 010-9718-7170

▯ **대표메뉴** : 돌문어 덮밥 20,000원, 간장새우 덮밥 15,000원

돌문어 덮밥(좌), 간장새우 덮밥(우)

포항 북구 흥해읍 바닷가 언덕 위, 마치 동화 속 한 장면처럼 자리한 빌라드웨이브(Villa de Wave)는 단순한 식당이 아닌, 감각적인 풍경과 경험이 공존하는 복합문화 공간이다. 바다와 하늘이 맞닿은 수평선 너머로 펼쳐지는 탁 트인 전망, 그리고 독창적인 건축미를 자랑하는 외관은 이곳을 찾는 이들에게 첫눈에 강한 인상을 남긴다.

'버섯집'을 연상시키는 유려한 곡선의 건물은 마치 상상 속 공간에 발을 들인 듯한 착각을 일으킨다. 내부로 들어서면 따스한 햇살이 스며드는 큰 창과 모던한 인테리어, 그리고 여백의 미가 살아 있는 공간

(무엇을 먹을까?) (이가리 닻 전망대 | 사방기념공원) **주변 맛집 추천**

구성까지, 시각적 감성을 자극하는 요소들이 차분하게 배치되어 있다. 단순한 식사가 아닌 '경험'이 중심이 되는 공간. 그래서일까, 이곳을 찾은 사람들은 식사 후에도 한참을 머물다 간다.

   메뉴 역시 공간만큼이나 세련되고 감각적이다. 대표 메뉴인 돌문어 덮밥은 탱글한 식감의 문어와 깊은 풍미의 특제 소스가 어우러져 입안에서 조화로운 밸런스를 이룬다. 담백하면서도 풍성한 게살덮밥은 신선한 해산물의 매력을 정제된 방식으로 풀어낸 메뉴로, 보기 좋은 그릇에 담긴 한 그릇 음식이 이렇게도 우아할 수 있음을 보여준다. 식재료 본연의 맛을 존중하되, 현대적인 감각으로 풀어낸 이곳의 요리는 여행의 피로를 잊게 만들 만큼 만족스럽다.

포항, 여행이 되는 순간

어디서 잘까

라한호텔, 코모도호텔, 베니키아호텔
A1호텔 해도점, 노블리온호텔, 호텔223, 까르페 모텔

영일대해수욕장 주변 숙소 추천

라한 호텔

주소 경북 포항시 북구 삼호로 265번길 1
문의 054-230-7003

영일대해변의 북쪽 끝, 수평선 너머로 동해가 끝없이 펼쳐지는 그곳에 라한 호텔 포항이 우아하게 서 있다. 도심의 소란을 잠시 내려두고 푸른 바다의 품에 안기고 싶을 때, 이곳은 그 어떤 곳보다 완벽한 안식처가 되어준다. 전 객실이 오션뷰로 구성되어 있어, 아침이면 물안개를 헤치며 떠오르는 일출을 맞이할 수 있고, 해 질 무렵이면 수면 위로 번지는 노을빛이 하루를 따뜻하게 감싼다.

라한 호텔 포항은 단순히 머무는 공간을 넘어, 여행의 기억을 깊이 있게 채워주는 감성적인 거점이다. 모던하고 절제된 감각으로 꾸며진 객실은 편안함과 세련미를 동시에 갖추고 있으며, 창 너머로 펼쳐지는 풍경은 그 자체로 예술 작품 같다. 호텔 내에는 편의점과 카페, 레스토랑, 연회장 등의 부대시설도 잘 갖춰져 있어 장기 투숙객은 물론 비즈니스 여행자에게도 만족스러운 환경을 제공한다.

무엇보다도 이 호텔의 가장 큰 장점은 '위치'다. 포항을 대표하는 명소인 호미곶 해맞이광장, 스페이스워크, 이가리 닻 전망대 등이 차로 가까운 거리에 있어, 여행의 여정을 짜기에 안성맞춤이다. 조용히 머물며 바다를 즐기고 싶은 이에게도, 포항을 깊이 누비고 싶은 여행자에게도 라한호텔 포항은 최상의 선택이 되어줄 것이다.

'라한'이라는 이름은 즐거움을 뜻하는 순우리말 '라온'과 한국의 '한'을 더해 만든 말로, 국내 여행에서의 즐거운 기억을 전하고자 하

는 브랜드 철학이 담겨있다. 바다를 닮은 여유와 도시를 품은 편안함이 공존하는 라한호텔은 포항을 찾는 모든 여행자에게 믿을 수 있는 선택이자, 지역을 대표하는 품격 있는 호텔이다.

코모도 호텔

주소 경북 포항시 남구 송도로 71
문의 054-241-1400

코모도 호텔 포항은 경북 포항시 남구 송도 해수욕장 인근에 위치한 도심 속 힐링 공간이다. 2024년 리모델링을 통해 세련된 감성과 현대적인 편의성을 갖춘 이 호텔은 비즈니스와 휴양을 모두 만족시키는 숙소로 주목받고 있다.

총 46개의 객실은 스탠다드, 디럭스, 온돌, 스위트 등 다양한 유형으로 구성되어 있으며, 모든 객실은 깔끔한 인테리어와 최신 설비로

쾌적한 숙박 환경을 제공한다. 특히 스위트룸은 넓은 공간과 소파가 마련되어 있어 가족 단위 여행객에게 적합하다. 객실 요금은 스탠다드 더블 기준 12만 원부터 시작하며, 성수기와 주말 요금은 변동될 수 있다.

호텔 내에는 레스토랑과 바가 마련되어 있어 식사와 음료를 즐길 수 있으며, 연회장과 웨딩홀 등 부대시설도 갖추고 있다. 조식은 구운 소시지, 식빵, 양상추 샐러드, 시리얼, 달걀프라이 등으로 구성되어 있으며, 깔끔하고 간편한 식사를 제공한다.

주변 관광지로는 도보로 이동 가능한 송도 해수욕장과 인근 식당가도 매력적인 요소다. KTX 포항역에서 차량으로 약 20분, 포항 고속버스터미널에서 약 5분 거리에 위치해 교통 접근성도 우수하다.

코모도 호텔 포항은 세련된 인테리어와 편안한 분위기, 그리고 뛰어난 위치를 자랑하는 숙소로, 포항을 방문하는 여행객에게 만족스러운 선택이 될 것이다.

고속버스터미널 주변 숙소 추천

베니키아 호텔

주소 경북 포항시 남구 중앙로 128
문의 054-282-2700

물결처럼 잔잔한 동해 바다를 품고 있는 포항은 숙소 선택에서도 그 매력을 더한다. 깔끔한 시설과 뛰어난 접근성을 자랑하는 베니키아 호텔 포항은 합리적인 가격에 안락한 휴식을 제공하는 도심형 호텔이다.

포항시 남구 중심에 위치한 이곳은 고속버스터미널과 가까워 교통이 편리하며, 송도해수욕장과 죽도시장, 포항운하 등 주요 명소와도 인접해 여행 동선에 부담이 없다. 총 90개의 객실은 더블, 트윈, 커넥팅룸 등 다양한 유형으로 구성되어 있으며, 전 객실에는 쾌적한 침구와 고속 Wi-Fi, 업무용 책상 등이 갖춰져 있어 비즈니스 여행객에게도 적합하다.

호텔 1층의 'HUB' 라운지는 조식을 비롯해 커피 한 잔의 여유를 즐길 수 있는 다목적 공간으로, 간단한 미팅이나 개인 시간을 보내기에도 좋다. 매일 아침 제공되는 조식은 시리얼, 샐러드, 과일 등 간편식부터 따뜻한 한식까지 다양하게 구성되어 있어 여행의 시작을 든든하게 채워준다.

부대시설로는 24시간 운영되는 피트니스 센터와 세탁실, 연회장, 그리고 넉넉한 주차 공간이 마련되어 있어 장기 체류나 가족 단위 방문객에게도 편리하다. 직원들의 응대는 친절하고 세심하며, 청결하고 관리

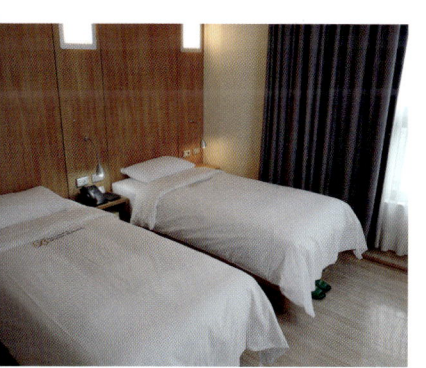

가 잘 된 객실 상태 역시 방문객들로부터 높은 만족도를 이끌어낸다.

포항에서 실용적이면서도 편안한 숙소를 찾는다면, 베니키아 호텔 포항은 분명 기대를 충족시켜줄 만한 선택지다.

고속버스터미널 주변 숙소 추천

A1호텔 해도점

주소 경북 포항시 남구 중앙로 140
문의 054-283-2225

포항 해도동에 자리한 A1호텔 해도점은 바다와 도심을 동시에 품은 입지 덕분에 여행객과 출장객 모두에게 안락한 휴식을 선사하는 공간이다. 해도공원, 포항운하, 송도해수욕장이 인근에 위치해 도보로 여유롭게 둘러볼 수 있다.

외관은 심플하면서도 모던한 감성이 묻어나는 디자인으로 꾸며져 있으며, 실내는 군더더기 없이 정돈된 구조와 따뜻한 조명, 밝은 톤의 인테리어가 조화를 이루며 깔끔하고 세련된 분위기를 자아낸다. 객실

은 전반적으로 청결하게 관리되며, 침구 상태 역시 위생적으로 잘 정돈되어 있어 첫 인상부터 신뢰감을 준다. 기본 어메니티 외에도 일부 객실에는 욕조, 스타일러, 대형 TV, 고급형 비데 등 다양한 편의 시설이 갖춰져 있어 보다 여유로운 투숙이 가능하다.

A1호텔 해도점의 또 다른 강점은 직원들의 친절한 응대다. 프런트 데스크에서는 방문객의 편의를 최우선으로 생각하며 지역 맛집이나 관광지 정보도 적극적으로 안내해 준다. 출장객을 위한 조용한 객실 환경과 안정적인 와이파이, 넉넉한 주차 공간 등 실용적인 요소 또한 만족도를 높이는 요소다.

가성비 좋은 가격대에 깔끔하고 아늑한 숙소를 찾는 이들에게 A1호텔 해도점은 분명 훌륭한 선택이 될 것이다. 낯선 도시 포항에서 하루쯤 편안히 머물고 싶은 날, 부담 없이 들러 여유를 누리기 좋은 곳. 작지만 정갈한 이곳에서의 하룻밤은 여행의 피로를 말끔히 씻어줄 것이다.

노블리온 호텔

주소 경북 포항시 남구 희망대로 659번길 20
문의 054-272-0009

포항 북구 죽도동에 위치한 노블리온 호텔은 고급스러움과 실용성을 동시에 갖춘 도심형 프리미엄 호텔이다. 포항의 대표 상권인 죽도시장을 비롯해 시외버스터미널, 중심상업지구와 인접해 있어 여행과 비즈니스 모두에 최적화된 입지를 자랑한다. 바다와 도심이 맞닿은 이 지역 특유의 생동감 속에서, 노블리온 호텔은 한층 격조 높은 휴식 공간으로 자리하고 있다.

호텔 외관은 현대적이면서도 절제된 우아함이 느껴지는 디자인으로 도시의 풍경과 자연스럽게 어우러진다. 내부로 들어서면 세련된 로비와 감각적인 조명이 방문객을 맞이하며, 객실은 전체적으로 넓고 여유로운 구조에 고급 자재와 모던한 인테리어가 어우러져 한층 품격 있는 분위기를 완성한다. 모든 객실은 철저한 위생 관리 아

당신의 프라이빗한 공간, 호텔 노블리온

래 운영되며, 침구부터 욕실 어메니티까지 세심한 배려가 느껴진다.

객실 타입은 스탠다드부터 디럭스, 스위트까지 다양하게 구성되어 있으며, 전 객실에 고속 와이파이, 스마트 TV, 스타일러, 고급형 비데 등 수준 높은 편의시설이 갖춰져 있다. 일부 객실에서는 포항 도심과 바다가 어우러진 전망을 감상할 수 있어 도심 속에서도 여행의 여유를 만끽할 수 있다. 노블리온 호텔의 또 하나의 강점은 세심하고 정중한 고객 서비스다. 프런트 직원들은 언제나 친절하고 전문적으로 응대하며, 조식 뷔페와 룸서비스, 비즈니스 지원 서비스 등도 충실히 운영되고 있어 고객 만족도가 높다. 건물 내에는 소규모 회의실과 카페 공간도 마련되어 있어 출장객에게도 안성맞춤이다.

도심 속 품격 있는 휴식을 원한다면, 노블리온 호텔은 기대 이상의 만족을 선사할 것이다. 여행자에게는 포항의 중심에서 만나는 조용한 안식처로, 비즈니스 이용객에게는 효율적인 일정을 위한 완벽한 베이스캠프로 손색이 없다. 단순한 숙박을 넘어, 머무는 그 자체가 하나의 경험이 되는 공간이다.

호텔 223

주소 경북 포항시 남구 구룡포읍 호미로 290-8
문의 054-276-4660

디자인호텔_ 전객실이 오션뷰

구룡포 북방파제 입구에 위치하고 있는 호텔223은 전 객실이 오션뷰이다. 구룡포항과 바로 붙어 있는 위치라 객실에서 넓은 동해 바다를 감상할 수 있으며 밤낮으로 조업을 나가는 구룡포 어선도 함께 볼 수 있어 운치와 낭만이 넘친다.

호텔223은 동백꽃 필 무렵 촬영팀이 이용하면서 많이 알려졌다. 또한 2024년에도 포항시를 배경으로 촬영했던 MBC 드라마 '모래에도 꽃이 핀다' 촬영팀이 이용하면서 더 많이 알려지게 되었다.

스탠다드룸 비수기 주중 2인 7만 원 주말 9만 원으로 가격 착한 포항 오션뷰 숙소 찾는다면 호텔223이 제격이다.

버스 정류장에서 도보 2분 거리에 위치해 있어 도보 여행객들에게도 접근성이 좋다. 숙소 근처에 있는 구룡포 회 대게거리 & 일본인역 사거리 & 구룡포시장 & 과메기 박물관 등은 도보 이동이 가능하기 때문에 뚜벅이 여행객들에게 인기가 좋다.

호텔223은 블로그와 인스타그램을 통해서 포항과 구룡포에서 가볼 만한 여행지와 월별 행사소식도 수시로 업로드하고 있다. 부담 없는 가격에 감각적인 공간, 친절한 서비스까지 갖춘 호텔223은 포항을 찾은 이들에게 실속 있는 선택이자, 기억에 남을 숙소가 되어줄 것이다.

까르페 모텔

주소 경북 포항시 남구 구룡포읍 호미로 249-10
문의 054-275-0001

　포항 남구 구룡포읍에 자리한 까르페 모텔은 조용한 어촌 마을의 정취와 감성적인 휴식이 공존하는 공간이다. 구룡포항과 해수욕장, 일본인가옥거리 등 주요 명소들과 가까운 위치 덕분에, 한적한 바다 마을을 오롯이 누릴 수 있는 베이스캠프로 제격이다. 일상에서 벗어나 천천히 걸으며 마을의 숨결을 느끼고 싶은 이들에게, 까르페 모텔은 소박하지만 특별한 시간을 선물한다.

　외관은 깔끔하고 단정한 인상을 주며, 내부로 들어서면 따뜻한 조명과 부드러운 색감이 어우러진 감각적인 인테리어가 편안하게 맞아준다. 객실은 전반적으로 정갈하게 정돈되어 있으며, 침구 상태와 청결도 모두 신경 써 관리되어 있어 첫인상부터 믿음을 준다. 일부 객실에서는 창밖으로 구룡포 바다가 가까이 펼쳐져, 잔잔한 파도 소리를 들으며 하루를 마무리할 수 있다.

객실 내에는 TV, 냉장고, 와이파이, 커피포트 등 필수적인 편의시설이 깔끔하게 갖춰져 있고, 공간 구성 또한 여유로워 답답함 없이 머무를 수 있다. 소소하지만 섬세하게 준비된 어메니티들 속에서, 투숙객을 향한 배려가 자연스럽게 느껴진다. 프런트 직원의 응대 또한 정중하고 친절해, 처음 방문한 이들도 편안하게 머물 수 있는 분위기를 만든다.

까르페 모텔의 진짜 매력은 바다 마을의 감성을 품은 '잔잔한 쉼'에 있다. 화려하지 않지만 조용하고 따뜻한 이 공간은, 여유로운 속도로 여행을 즐기고 싶은 이들에게 가장 잘 어울린다. 바쁘게 흘러가는 일상 속, 조금은 느리게 머무는 하루를 꿈꾼다면 까르페 모텔은 그 여백을 차분하게 채워줄 것이다.

포항 겨울철 미식여행

포항의 별미

구룡포 과메기, 구룡포 대게, 고래고기, 아구탕

포항 카페투어

까멜리아, 파루시아, 오이아카페, 오브레멘, 러블랑

구룡포 과메기

물씬한 겨울바람과 함께 찾아오는 포항의 별미, 구룡포 과메기는 겨
울철이면 꼭 맛봐야 할 지역 명물이다. 포항 남구 구룡포는 전국 과메
기 생산량의 대부분을 차지할 만큼, 과메기의 고장으로 불린다.

과메기란?

과메기는 원래 꽁치를 겨울철 찬 바람에 반쯤 마르게 말린 발효식품이었다. 최근에는 꽁치 대신 청어나 고등어를 사용해 더 고소하고 부드러운 맛을 내며, 내장을 제거하고 손질한 생선을 하루 이틀 얼렸다 녹이며 바람에 말리는 방식으로 만든다. 구룡포의 해풍은 이 숙성과정을 천천히 진행시켜 과메기 특유의 짭짤하면서도 진한 감칠맛을 살려준다.

구룡포 과메기의 매력

풍부한 오메가-3 지방산과 단백질로 건강식으로도 주목받는 겨울 보양식.

바삭하게 구운 김, 초장, 마늘, 고추, 배추, 미역 등과 함께 싸 먹는 조합은 남녀노소 모두를 매료시킨다. 씹을수록 고소한 맛과 촉촉한 식감이 잘 어우러져, 술안주는 물론 밥반찬으로도 손색이 없다.

과메기를 제대로 즐기려면?

겨울철(11월~2월) 구룡포 일대에는 과메기 판매점들이 줄지어 있고, 포장 판매는 물론 시식도 가능하다. 구룡포 과메기문화관에서는 과메기의 역사와 제조과정을 직접 보고 체험할 수 있어 관광객들에게 인기다.

한마디로

구룡포 과메기는 단순한 건어물이 아니라, 포항 겨울을 대표하는 '계절 음식'이자 지역의 정체성이 담긴 미식이다. 해풍으로 말린 한 점의 과메기에는 포항 바다의 시간과 손맛이 스며 있다.

포항의 별미 구룡포 과메기 맛집 추천

과메기를 좋아하는 사람들 해창

말이 필요없는 별미 구룡포 과메기

INFORMATION

⌂ **상호** : 과메기를 좋아하는 사람들_해창   ◉ **주소** : 포항시 남구 효성로 62

⏱ **영업시간** : 13:00~24:00 (겨울10월중순경~3월말)연중무휴
　　　　　하절기 16:00~24:00, 매주 일·월 정기휴무

☎ 054-286-4413

▢ **대표메뉴** : 과메기 38,000원, 낙지탕탕이 35,000원

과메기

포항의 겨울을 진하게 물들이는 별미 과메기

그 깊고 진한 풍미를 제대로 즐기고 싶다면, 남구 효성로에 자리한 '과메기를 좋아하는 사람들 해창'을 찾아가보자. 이곳은 단순한 식당이 아니라, 과메기를 향한 오랜 애정과 정성이 응축된 공간이다.

포항 사람들의 입맛은 물론 전국의 미식가들까지 사로잡은 해창은 '비린내 없는 깔끔한 과메기'로 정평이 나 있다. 매일 새벽 3시, 주인장 부부는 덕장으로 향해 꽁치를 손질하고 정성껏 건조하는 과정을 이어간다. 과거에는 해풍에 말리던 전통 방식을 고수했지만, 지금은 대기오염을 고려해 실내 덕장에서 위생적으로 숙성시키는 방식을 택했다. 이 꾸준한 노력은 SBS 〈생방송투데이-자족식당〉에 소개되며 전국적인 주목을 받았다.

대표 메뉴는 물론 과메기(38,000원). 낙지탕탕이와 육회탕탕이(각 35,000원), 가자미구이, 석화 등 신선한 해산물 요리가 함께 곁들여져 입맛을 더욱 풍성하게 채워준다. 특히 해창의 수제 초장은 아들에게조차 비법을 넘기지 않았을 만큼의 자부심이 담긴 맛. 과메기의 풍미를 한층 끌어올리는 감칠맛의 핵심이다. 포장과 전국 택배 서비스도 운영해 계절 한정 별미를 집에서도 즐길 수 있으며, 과메기 철에는 연중무휴로 문을 연다.

진짜 과메기를 맛보고 싶다면, 해창은 반드시 들러야 할 이름.
포항의 겨울, 해창에서 시작해보는 건 어떨까.

해창 매장사진과 전국택배로 보내어지는 포장사진
(해창 제공)

구룡포 대게

구룡포 대게는 경북 포항시 남구 구룡포읍에서 잡히는 신선한 대게로 유명하다. 차가운 해류와 청정한 바다 환경 덕분에 이곳의 대게는 살이 단단하고 맛이 깊어 겨울철 별미로 손꼽힌다.

특히 찜으로 조리하면 대게 특유의 육즙이 가득 살아나고, 단순히 삶아 소금에 찍어 먹기만 해도 풍부한 감칠맛을 느낄 수 있다. 대게 본연의 맛을 즐기기에 이만한 곳도 드물다.

구룡포항에는 대게 직판장이 있어, 선주들이 직접 잡아온 싱싱한 대게를 비교적 저렴하게 구입하거나 바로 식당에서 즐길 수 있다. 당일 잡은 대게가 8,000원부터 시작하며, 크기와 품질에 따라 가격이 다양하게 형성되어 있다. 합리적인 가격에 고급스러운 식사를 즐길 수 있다는 점에서 많은 이들이 찾는 이유가 된다.

겨울철, 특히 대게 철에 맞춰 구룡포를 찾는다면 여행의 만족도가 더욱 높다. 여름엔 시원한 바다 풍경이, 겨울엔 대게의 진한 맛이 계절마다 다른 매력을 선사한다.

매년 열리는 포항대게축제도 주목할 만하다. 2025년 축제는 2월 28일부터 3월 3일까지 나흘간 구룡포 아라광장 일대에서 개최했다. 대게 시식 행사와 다양한 요리 체험, 지역 특산물 판매 등이 함께 진행한다.

축제 기간에는 평소보다 저렴한 가격에 대게를 맛볼 수 있어 현지인뿐 아니라 관광객들에게도 인기가 높다.

구룡포 대게는 단순한 먹거리를 넘어, 바다와 함께 살아가는 이 지역 사람들의 삶과 이야기를 담고 있다. 겨울철 포항 여행을 계획하고 있다면, 구룡포에서 대게 한 상을 즐기며 바다의 진미를 경험해보자.

포항의 별미　구룡포 대게 맛집 추천

구룡포 대게본가

맛있는 대게 코스와 풍성한 반찬의 조화

INFORMATION

⌂ **상호** : 대게본가　　◎ **주소** : 포항시 남구 구룡포읍 호미로 235
⏱ **영업시간** : 10:00-21:00
📞 0507-1334-2603

🔖 **대표메뉴** : 스페셜코스 100,000원(인당), 특A스페셜코스 140,000원(인당)

바다의 시간 속으로 대게의 진심을 맛보다

거울이 오면 바다는 더 깊어지고, 그 속에서 건져 올린 대게는 살이 꽉 차 오른다. 포항 구룡포, 고요한 어촌 마을의 항구를 따라 걷다 보면, 바다 내음에 섞인 고소한 향기가 코끝을 간질인다. 그 향을 따라가다 보면, 계절의 정직한 맛을 담아내는 집 '구룡포 대게본가'를 만나게 된다.

대게

이곳은 단순히 대게를 파는 식당이 아니다. 대게의 고장이라 불리는 구룡포에서, 바다와 계절, 그리고 사람의 손길이 어우러져 완성된 미각을 경험하는 장소다. 수족관을 유영하던 싱싱한 대게는 숙련된 손에 의해 정갈하게 손질되고, 김이 모락모락 피어오르는 찜통에 오르는 순간부터 식사는 이미 시작된다. 기다림마저 설렘이 되는 이유는, 그 첫 입이 가져다줄 벅찬 감동을 알고 있기 때문이다.

한 마리 통째로 쪄낸 대게는 선홍빛 껍질 아래 순백의 속살을 숨기고 있다. 다리를 조심스럽게 발라 입에 넣는 순간, 부드럽고 탄력 있는 살결이 퍼지며 은은한 단맛과 바다의 향이 입안 가득 번져간다. 그 한 입은 마치 구룡포의 겨울을 온전히 베어 문 듯한 깊은 맛이다.

여기에 곁들여지는 반찬들 촉촉하게 구운 생선, 부드럽게 익힌 계란찜, 신선한 활어회, 바삭한 튀김까지 식탁 위는 하나의 작은 연회처럼 완성된다. 그 다채롭고 정갈한 상차림은 '대게본가'가 바다를 얼마나 성실히 대하고 있는지를 보여주는 증표다.

식사를 마친 뒤엔 구룡포항을 따라 천천히 걸어보자. 고즈넉한 일본인 가옥거리에서는 오래된 시간이 흐르고, 과메기 문화관에서는 이 지역만의 독특한 어문화를 들여다볼 수 있다. 그렇게 대게 한 끼로 시작된 여정은 어느새 구룡포라는 마을 전체를 온전히 담아내는 이야기가 된다.

'구룡포 대게본가'는 단순한 맛집이 아니다. 이 땅과 바다, 그리고 계절의 시간을 정성으로 빚어낸 장소다. 누군가에겐 그저 한 끼일지 몰라도, 여행자에겐 마음에 오래 남을 장면이 된다. 겨울 바다의 진심을 맛보고 싶다면, 그 여정의 시작은 반드시 이곳이어야 한다.

고래고기

포항은 대게와 과메기뿐 아니라 고래고기로도 잘 알려진 도시다. 포항의 죽도시장이나 일부 전통시장, 고래고기 전문 식당에서는 다른 지역에선 쉽게 접하기 어려운 고래고기를 비교적 손쉽게 맛볼 수 있다. 고래고기는 예로부터 귀한 음식으로 여겨져, 경상도 일대에선 잔칫상이나 특별한 날에 오르곤 했다. 특히 포항은 예부터 고래 포획이 이루어졌던 지역 중 하나로, 자연스럽게 고래고기를 먹는 문화도 자리 잡게 되었다.

고래고기는 단백질 함량이 높고, 지방이 적당히 섞여 있어 고소하면서도 쫄깃한 식감이 특징이다. 종류에 따라 육질과 맛이 조금씩 다르며, 부위에 따라 다양한 요리로 즐길 수 있다. 대표적으로는 수육처럼 삶아낸 고래고기를 소금, 젓갈과 곁들여 먹는 방식이 흔하고, 돼지고기 수육과 비슷해 보이지만 맛은 훨씬 더 진하고 특유의 풍미가 있다.

고래고기는 과거엔 포획이 자유로웠지만 현재는 국제적 보호종 지정과 함께 국내에서도 엄격한 규제가 있다. 현재 유통되는 고래고기는 대부분 혼획(우연히 그물에 걸린 고래)을 통해 허가받은 유통 경로를 통해 공급되며, 등록된 식당에서만 합법적으로 판매할 수 있다. 이러한 배경 때문에 더욱 귀한 음식으로 여겨진다.

포항에서 고래고기를 맛보는 건 단순한 식도락을 넘어, 지역의 해양 문화와 전통을 엿보는 경험이기도 하다. 고래를 향한 오랜 인식과 함께 생존을 위한 어업이 얽혀 있는 복합적인 역사 속에서, 포항은 여전히 고래고기를 특별한 음식으로 기억하고 있다. 포항을 찾는다면 한 번쯤 고래고기를 맛보며 이 도시의 깊은 바다 이야기를 음미해보는 것도 좋을 것이다.

고래고기 맛집 추천

장생포 고래1번지

포항 고래고기의 명맥을 이어가는 곳

INFORMATION

⌂ **상호** : 장생포 고래1번지   ◉ **주소** : 포항시 남구 대이로 143번길 22-18

⏲ **영업시간** : 14:00~23:00   ※매주 일 정기휴무

☏ 054-278-3334

▢ **대표메뉴** : 모듬소(수육+생우네, 생고기, 육회, 오베기(꼬리)) 80,000원
　　　　　　수육소(등살, 뱃살, 가슴살, 갈빗살, 내장 등을 삶은 것) 80,000원

고래고기

　우리나라에서 고래고기로 유명한 지역은 울산, 부산, 그리고 포항을 빼놓지 않고 말한다. 그 중 포항에서 고래고기의 명맥을 이어가는 대표적인 식당 중 하나이다. 위의 사진은 모듬 소자 이미지이며 처음 고래고기를 접한다면 수육 소자를 추천한다. 고래고기를 맛있게 먹기 위해선 기름기 많은 수육은 김과 함께 먹으면 좋고 생고기 부위는 고추장에 찍어 부추김치와 곁들여 먹으면 일품이다. 고래고기는 고단백, 저칼로리, 저지방 식품이지만 포항에서는 5곳 정도의 식당만 명맥을

포항의 별미 · 고래고기 맛집 추천

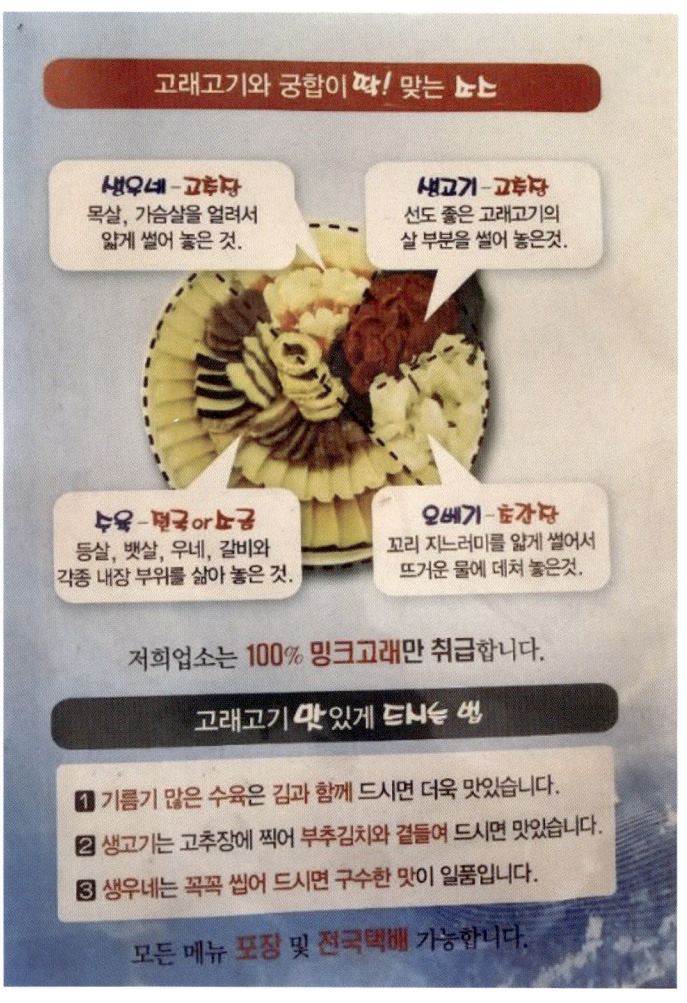

고래고기와 궁합이 딱! 맞는 쏘스

생우네 - 고추장
목살, 가슴살을 얼려서
얇게 썰어 놓은 것.

생고기 - 고추장
선도 좋은 고래고기의
살 부분을 썰어 놓은것.

수육 - 된장or소금
등살, 뱃살, 우네, 갈비와
각종 내장 부위를 삶아 놓은 것.

오베기 - 초간장
꼬리 지느러미를 얇게 썰어서
뜨거운 물에 데쳐 놓은것.

저희업소는 **100% 밍크고래**만 취급합니다.

고래고기 맛있게 드시는 법

1 기름기 많은 수육은 김과 함께 드시면 더욱 맛있습니다.

2 생고기는 고추장에 찍어 **부추김치**와 곁들여 드시면 맛있습니다.

3 생우네는 꼭꼭 씹어 드시면 구수한 맛이 일품입니다.

모든 메뉴 **포장** 및 **전국택배** 가능합니다.

수 육	小	80,000	
	中	120,000	
	大	160,000	
	특大	200,000	
모 듬	小	80,000	
	中	120,000	
	大	160,000	
	특大	200,000	
육 회		40,000	
생 고 기 (뭉태기)		40,000	
오 베 기		40,000	
생 우 네		50,000	
고래찌개	小	40,000	
	大	60,000	
고래국밥		15,000	
소 면		5,000	
낙지볶음		30,000	
소주/맥주/막걸리		5,000	
청 하		6,000	
백 세 주		8,000	
화 랑		12,000	
복 분 자		15,000	
음 료 수		2,000	

이어가는 중이다. 고래고기 식당이 사라지는 원인은 크게 2가지다. 먼저 고래고기 수급의 어려움이다. 포획이 불법이다 보니 바다에서 뭍으로 나오는 고래 역시 '바다의 로또'로 불리며 낙찰가가 높아졌고 그에 따라 고급 음식임에도 비싸다는 의견이 높아졌다. 고래고기의 명맥이 끊기기 전에 관광자원, 즉 전통 토속 음식문화로 봐줬으면 좋을텐데 하는 아쉬움이 남는다. 식사 한끼보다 일 마치고 소주 한잔에 고래고기 한 점이 제격이다. 해외 관광객들 및 국내 여행객들이 명맥이 끊기기 전에 이 식당에서 고래 한 마리가 주는 다양한 맛을 느껴보길 바라는 마음이다.

포항의 별미   고래고기 맛집 추천

진미 고래

품질 좋은 고래고기의 얼큰하고 풍부한 맛

INFORMATION

⌂ **상호** : 진미고래   ◎ **주소** : 포항시 북구 칠성로 70

◷ **영업시간** : 10:00~22:00

☏ 054-248-9668

▢ **대표메뉴** : 고래수육 (중) 80,000원, 고래육회 (소) 40,000원
　　　　　　　고래전골 (대) 60,000원, 고래뭉태기 (소) 40,000원

고래전골 (소)

포항 죽도어시장 인근에는 지역 특색이 고스란히 담긴 특별한 맛집이 하나 있다. 바로 고래고기 전문점 '진미고래' 다. 포항에서도 손꼽히는 이곳은 신선한 고래고기를 정성스럽게 손질해 다양한 요리로 선보이며, 평소 쉽게 접하기 힘든 고래고기의 깊은 맛을 경험할 수 있는 곳으로 유명하다.

진미고래는 고래고기를 처음 접하는 이들도 부담 없이 즐길 수 있도록 다양한 조리법으로 고래고기를 제공한다. 가장 인기 있는 메뉴는 '고래수육' 이다. 부위별로 다른 식감과 풍미를 가진 고래고기를 한 접시에 담아내 입안에서 색다른 조화를 이룬다. 쫄깃하면서도 담백한 맛은 물론, 특유의 고소한 풍미가 오래도록 입안을 감돈다.

좀 더 특별한 맛을 찾는다면 '고래육회'도 추천할 만하다. 신선한 고래고기를 얇게 썰어내 양념 없이 그대로 내어주는데, 특유의 담백한 맛이 살아 있어 깔끔한 맛을 선호하는 이들에게 인기가 높다. 여기에 진한 육수에 고래고기를 넣어 푹 끓여낸 '고래전골'은 깊고 구수한 국물 맛이 일품으로, 든든한 한 끼 식사로도 손색이 없다.

고래수육 및 육회와 함께 소주한잔으로 피로를 푸는 직장인들

　식당은 죽도어시장에서 도보로 이동할 수 있는 가까운 거리에 위치해 있어 시장 구경을 마친 후 들르기에도 제격이다. 시장 특유의 활기와 함께 포항의 식문화 한 컷을 제대로 느껴볼 수 있는 경험이 된다. 무엇보다 진미고래는 신선도에 대한 자부심이 크다. 고래고기라는 특수한 재료를 다루는 만큼 철저한 보관과 손질을 원칙으로 하며, 요리 하나하나에 정성과 노하우가 배어 있다.

　포항에서 흔히 만날 수 없는 고래고기 요리를 제대로 맛보고 싶다면, 진미고래는 그 기대에 충분히 부응할 수 있는 장소다. 낯선 듯 낯설지 않은, 오래된 듯 새로운, 이 한 끼가 여행의 깊이를 더해줄 것이다.

아구탕

경상북도 동해안에 자리한 항구 도시 포항은 신선한 해산물이 풍부한 지역이다. 그중에서도 지역 주민들이 즐겨 찾고 여행객들의 입맛을 사로잡는 별미로는 단연 '아구탕'을 꼽을 수 있다. '아귀'가 표준어지만 포항을 비롯한 경상도 지역에서 아구로 불리며 메뉴에 대부분 아구탕으로 적혀있어 여기에서는 아구로 통칭한다. 아구는 못생긴 생김새로 한때는 버려지기 일쑤였지만, 지금은 담백하고 부드러운 맛 덕분에 전국적인 인기를 얻고 있다. 특히 포항에서는 갓 잡은 신선한 아구를 사용해 탕을 끓이기 때문에 맛이 더욱 깊고 깔끔하다.

포항식 아구탕의 가장 큰 매력은 얼큰하면서도 시원한 국물에 있다. 콩나물, 미나리, 무, 대파 등 다양한 채소와 함께 끓이고, 청양고추, 고춧가루, 마늘을 아낌없이 넣어 칼칼하고 개운한 풍미를 낸다. 바다의 짠 내음과 어우러진 국물은 해장용으로도 제격이며, 입맛이 없을 때에도 한 그릇을 땀 흘리며 비워내게 만드는 매력을 지녔다. 특히 아구 특유의 쫄깃한 살과 미끌미끌한 껍질은 씹는 재미까지 더해준다.

아구탕의 기원은 부산, 마산 등 남해안 지역과 연관이 깊지만, 포항은 동해산 아구를 활용해 자신만의 스타일로 재해석했다. 남해안 지역이 맵고 자극적인 양념에 집중하는 반면, 포항의 아구탕은 맑고 진한 육수를 강조해 국물 맛에 집중한다. 입안에서 강한 자극을 주기보다는 담백하고 감칠맛 있는 풍미를 차분하게 즐길 수 있도록 조리하는 것이 특징이다. 또한 대부분 뼈를 제거한 아구 살을 사용해 남녀노소 누구나 부담 없이 먹을 수 있다.

포항 곳곳에는 아구탕 전문 식당이 자리하고 있으며, 해안가 시장이나 구도심 골목길에서는 수십 년 동안 같은 자리를 지켜온 노포들도 쉽게 만날 수 있다. 특히 죽도시장 인근에는 오랜 세월 동안 아구탕 하나로 손님들의 발길을 붙잡은 식당들이 여럿 있다.

포항을 방문한다면 바다 풍경과 함께 꼭 맛봐야 할 음식이 바로 아구탕이다. 단순한 한 끼 식사를 넘어, 바다와 삶의 이야기가 녹아 있는 포항만의 미식 경험이 되어줄 것이다. 아구탕 한 그릇에는 이 도시의 기후, 해산물, 그리고 사람들의 소박한 일상이 고스란히 담겨 있다.

강산 식당

싱싱한 아구로 만든 맛있는 한끼

INFORMATION

⌂ **상호** : 강산식당　　◉ **주소** : 포항시 북구 죽도로40번길 21
🕐 **영업시간** : 11:00~21:30
　　　　　　　15:30~16:30 브레이크타임, 20:40 라스트오더
📞 0507-1341-9030

🔖 **대표메뉴** : 아구탕(매운탕) 20,000원, 아구탕(지리탕) 20,000원
　　　　　　아구찜(소) 45,000원, 아구수육 소 80,000원

아구탕

　　포항 죽도동의 강산식당은 죽도시장 인근의 조용한 골목, 죽도로40
번길에 자리한 아구탕 전문점이다. 이곳은 오랜 세월 지역 주민과 여
행객들의 발길을 끌어온 숨은 맛집으로 알려져 있다.

이곳의 아구탕은 맑고 깊은 국물에 큼직한 아귀살이 푸짐하게 들어가 있으며, 콩나물과 미나리, 부추가 어우러져 개운하면서도 속이 편안한 맛을 낸다. 잡내 없이 깔끔하고 시원한 국물은 첫 숟갈부터 마지막까지 부담 없이 넘어가며, 깊은 감칠맛이 은은하게 입안에 맴돈다. 뼈째 푹 삶아낸 아귀는 살이 부드럽고 쫄깃하여 식감 또한 뛰어나다.

밑반찬은 간결하지만 깔끔하게 잘 갖춰져 있으며, 자극적이지 않아 아구탕의 맛을 방해하지 않는다. 매일 아침 준비되는 신선한 재료 덕분에 언제 들러도 한결같은 맛을 유지한다.

강산식당은 포항에서 '진짜 집밥'을 맛보고 싶을 때 가장 먼저 떠오르는 곳이다. 과하지 않은 맛, 정갈한 상차림, 그리고 언제나 한결같은 마음이 이 작은 식당을 특별하게 만든다.

양포삼거리 생 아구탕

싱싱한 아구로 만든 맛있는 한끼

INFORMATION

⌂ **상호** : 양포삼거리 생 아구탕   ◉ **주소** : 포항시 남구 장기면 동해안로 3259

🕐 **영업시간** : 08:00~20:00

📞 054-276-0229

🔖 **대표메뉴** : 아구찌개(소) 24,000원, 아구지리(소) 24,000원

아구지리

 양포삼거리 생 아구탕은 포항 남구 양포항 인근, 바닷길을 따라 자리한 식당으로 신선한 생아귀로 끓여낸 깊은 맛의 아구탕으로 유명하다. 아귀의 쫄깃한 식감과 칼칼한 국물, 푸짐하게 들어간 콩나물과 미나리가 어우러져 얼큰하면서도 개운한 맛을 낸다.

이 집의 가장 큰 매력은 '생아귀'만을 고집한다는 점이다. 냉동이 아닌 제철 생물을 사용해 잡내 없이 담백하며, 국물은 고춧가루의 향과 생선의 감칠맛이 조화롭게 어우러져 뒤끝까지 깔끔하다.

넓지 않은 내부는 소박하지만 정갈하게 꾸며져 있으며, 현지인뿐 아니라 소문을 듣고 찾아오는 단골 손님들도 많다. 식사 시간대엔 대기 줄이 생길 만큼 인기지만, 기다릴 가치가 충분하다.

식사 후엔 바로 앞 양포항을 산책하며 바다 내음을 즐기기에도 좋다. 포항의 토속적인 맛과 풍경을 함께 느끼고 싶다면, 양포삼거리 생아구탕은 더없이 좋은 선택이다.

포항 카페투어 구룡포일본인가옥거리 **주변 카페 추천**

까멜리아

예쁜 인테리어와 분위기 좋은 공간에서의 휴식

INFORMATION

⌂ **상호** : 까멜리아   ◉ **주소** : 포항시 남구 구룡포읍 구룡포길 135-1

⊙ **영업시간** : 10:00-19:00

☏ 054-278-2291

▯ **대표메뉴** : 포항샌드(한정) 16,000원, 동백샌드(한정) 16,000원
　　　　　　 용식샌드(한정) 16,000원, 동백우유 6,500원

포항 카페투어　호미곶　**주변 카페 추천**

파루시아

호미곶 바다를 바라보며 커피 한 잔의 여유

INFORMATION

⌂ **상호** : 파루시아　◎ **주소** : 포항시 남구 호미곶면 호미곶길 89

⏱ **영업시간** : 09:00~19:00

☎ 0507-1392-9700

🔖 **대표메뉴** : 콜드브루 연유라떼(ICE) 7,000원, 소금빵 3,500원
호꼬(기념품/굿즈) 5,000원
머그컵, 유리컵, 마그넷 직접 로스팅한 원두, 드립백

카페에서 바라본 호미곶 바다뷰

포항 카페투어　호미곶　**주변 카페 추천**

오이아 카페

그리스풍의 카페에서 느끼는 맛있는 디저트

INFORMATION

⌂ **상호** : 오이아 카페　　◉ **주소** : 포항시 남구 구룡포읍 동해안로 4266 H동
🕐 **영업시간** : 10:00~19:00(라스트오더 18:00)
　　　　　　　브런치메뉴 : 브레이크타임 3~4시
📞 0507-1463-6021

🔖 **대표메뉴** : 흑자갈 8,000원, 백자갈 8,000원

포항 카페투어   환호공원 | 영일대 | 포스코야경   **주변 카페 추천**

오브레멘

영일대 해변의 최고의 포토존을 지닌 커피전문점

INFORMATION

⌂ **상호** : 오브레멘   ◎ **주소** : 포항시 북구 해안로 191-1 오브레멘
　※노키즈존 : 포장을 위한 출입만 가능
⏲ **영업시간** : 10:00~22:30(라스트오더 22:00)
📞 0507-1373-4669

🔖 **대표메뉴** : 라이프 오브 조이 밀푀유 7,800원
　　　　　　회전목마 망고 타르트 7,500원

카페 1층 홀에 위치한 회전목마 포토존

포항 카페투어   청하공진시장 | 이가리닻전망대 | 보경사   주변 카페 추천

러블랑

아름다운 뷰와 맛있는 디저트의 향연

INFORMATION

⌂ **상호** : 러블랑   ◉ **주소** : 포항시 북구 송라면 동해대로 3310
　※노키즈존 : 포장을 위한 출입만 가능

🕐 **영업시간** : 08:30~21:30

📞 0507-1476-3535

📕 **대표메뉴** : 카페러블랑 8,500원

카페에서 바라본 바다뷰

포항의 재미를 찾아서

서핑 초보부터 마니아까지, 모두를 사로잡는 포항 용한리 해수욕장

경상북도 포항시 북구 흥해읍에 위치한 용한리 해수욕장은 최근 서
핑을 즐기는 이들 사이에서 떠오르는 명소로 주목받고 있다. 수심이
얕고 파도가 적당해 서핑을 처음 접하는 초보자부터 숙련된 서퍼까지
누구나 안전하게 서핑을 즐길 수 있는 환경을 갖추고 있다.

용한리 해수욕장의 매력 포인트

얕은 수심과 안정적인 파도

해변의 수심이 얕아 비교적 멀리까지 나가도 허리 정도 깊이를 유지할 수 있으며, 파도도 높지 않아 초보자들이 부담 없이 도전하기에 안성맞춤이다.

사계절 서핑이 가능한 환경

포항은 사계절 내내 파도가 일정하게 유지되는 지역으로, 여름뿐 아니라 겨울에도 서핑을 즐길 수 있는 몇 안 되는 국내 해변 중 하나다.

다양한 서핑 강습과 장비 대여

해변 인근에는 여러 서핑숍이 자리해 있어 장비 렌탈은 물론 초보자를 위한 강습도 받을 수 있다.

예를 들어 '서프홀릭 포항'에서는 샤워 시설이 포함된 강습과 어린이 대상 프로그램도 운영하며, '서프박스 서핑스쿨'은 기초 단체 강습부터 1:1, 2:1 맞춤형 강습까지 제공한다. '스티프 서프'는 숏보드 체험 강습 등 전문적인 서핑 교육도 함께 진행하고 있다.

편의시설과 휴식 공간

해변에는 정자와 흔들의자가 마련되어 있어 파도를 감상하며 여유로운 시간을 보낼 수 있다. 인근에는 카페, 식당, 편의점 등의 시설도 잘 갖추어져 있어 이용에 불편함이 없다.

용한리 해수욕장은 바다와 함께하는 여유로운 하루를 즐기기에 더 없이 좋은 장소다. 안정적인 파도와 친절한 강습 환경, 다양한 편의시설까지 갖춘 이곳은 단순한 해변이 아닌, 진정한 서핑 여행의 출발점이 되어준다. 포항을 찾는다면 꼭 한 번 들러볼 만한 해변이다.

방문정보

- **주소** : 경상북도 포항시 북구 흥해읍 용한리

- **교통편** : 포항역에서 차량으로 약 12분 소요.

- 해변 인근에 공영 주차장이 마련되어 있어 자가용 이용이 편리하다.

포항의 바다를 찾아서

포항은 바다를 품은 도시다. 맑고 푸른 동해를 따라 펼쳐진 해안선에는 저마다의 개성과 풍경을 지닌 해수욕장들이 자리하고 있다. 경북 최대의 항구도시인 동시에 해양 관광도시로서의 면모를 갖춘 포항은 여름철이 되면 전국에서 모여든 피서객들로 활기를 띤다. 그 중심에는 바다와 해수욕장이 있다.

가장 대표적인 해수욕장은 영일대해수욕장이다. 도심과 가까워 접근성이 뛰어나고, 밤이면 영일대해상누각과 함께 환상적인 야경이 펼쳐진다. 밤바다를 따라 조명이 물결처럼 퍼지고, 바다 위에 떠 있는 누각은 마치 한 폭의 그림 같다. 여름에는 각종 축제와 불꽃놀이가 열려 가족 단위는 물론 연인, 친구들과의 여행지로도 손색이 없다.

그에 비해 칠포해수욕장은 좀 더 여유롭고 차분한 분위기를 자아낸다. 넓고 긴 백사장은 해변을 따라 산책하거나 텐트를 치고 하루를 보내기에 제격이다. 특히 서퍼들에게 인기 많은 해변으로, 초보자부터 숙련자까지 다양한 레벨의 파도를 즐길 수 있다. 바다의 속살이 투명하게 들여다보이는 물빛과 소나무숲이 어우러져 조용한 휴식을 원하는 이들에게 안성맞춤이다. 조금 더 북쪽으로 올라가면 월포해수욕장이 나온다. 이곳은 바닷물이 유난히 깨끗하고 수심이 완만해 아이들과 함께 방문하기 좋은 곳이다. 해안선을 따라 펜션과 카페가 들어서 있어 숙박과 식사를 함께 해결할 수 있고, 여름철이면 캠핑족들의 발길도 끊이지 않는다. 조용한 바닷가 풍경을 감상하며 파도 소리에 귀 기울이다 보면, 자연스럽게 도시의 소음에서 멀어진다. 또한, 최근에는 구룡포 앞바다와 해수욕장이 조용한 인기를 얻고 있다. 이곳은 드라마 촬영지로 알려진 일본인가옥거리와 가까워 문화 탐방과 바다 풍경을 함께 즐길 수 있다는 장점이 있다. 아침이면 어선들이 오가는 풍경과 해안가를 따라 펼쳐진 작은 항구마을의 정취가 인상적이다.

포항의 바다는 단순한 피서지 이상의 의미를 지닌다. 일출 명소로 이름난 호미곶을 비롯해, 해안을 따라 달리는 드라이브 코스, 방파제 낚시, 해안 산책로까지 바다를 중심으로 한 즐길 거리가 풍부하다. 맨발로 백사장을 거닐며 파도 소리에 마음을 맡기고, 수평선 너머로 붉게 떠오르는 해를 바라보며 새로운 하루를 맞이하는 경험은 포항에서만 느낄 수 있는 감동이다. 이처럼 포항의 해수욕장들은 각기 다른 매력을 지니고 있어 어떤 여행자든 자신만의 바다를 찾을 수 있다. 도심의 일상에서 벗어나 바다의 품으로 떠나고 싶을 때, 포항은 언제나 환하게 두 팔을 벌려 기다리고 있다.